ブックガイドシリーズ　基本の30冊

グローバル政治理論

土　佐　弘　之　編

人文書院

目　次

第5部　ヘゲモニーと複数性

第6部　「周辺」からの声と政治

まえがき

米ソ冷戦が終焉して以降，グローバリゼーションという言葉がクリシェになって既に約20年経つであろうか。それに伴い，国際政治という言葉はグローバル政治という言葉に置き換えられて使われることが多くなってきている。当然，狭義の国際政治学ないしは国際関係論（International Relations 以下，IR）といわれる領域に付随したカノン（正典）を読めばグローバル・レヴェルの政治現象については理解できる時代ではなくなってきている。そうした新しい事態に対応するべく，30冊の中には，旧来のカノンに加えて，従来，IRの主流派からは無視されてきたような本をあえて入れた。そのことで，複眼的かつ批判的視座の獲得への道も少しは容易になったのではないかと思う。

アメリカ的IRの最近の標準的教科書を見ると，主な流れとして，リアリズム，リベラリズム，コンストラクティビズム（構成主義）といった三つを紹介するものが多い。リアリズム（ホッブズ的伝統），合理主義（グロティウス的伝統），革命主義（カント的伝統）といった英国学派の三分類もあるが，いずれにせよ，コアにはリアリズムが位置づけられることには変わりがない。端的に言えば，リアリズムとは，国際政治とは軍事力を基軸とする権力政治が支配する領域であるとする「現実」主義的見方である。それに対して，IRにおけるリベラリズムとは，国際機構や地域機構などの制度が大きな役割を果たしているのも「現実」であるとする見方である。

IR におけるリベラリズムの含意と政治・社会思想の（ネオ）リベラリズムの含意とはいささか異なっているものの，後者における個人の自由という価値に重きをおく考え方は，自由を守るためのリベラルな制度の重視という前者の考え方と通じている。一方，IR におけるコンストラクティビズムとは，社会学における社会構成主義の考え方に影響を受けたもので，「現実」と言われるものが間主観的に構成されるものである以上，間主観的に構成される理念やアイデンティティなどが大きな役割を果たすのも「現実」であるという見方である。そこにはアイディア（理念）などが重要であるとされリアリズムに対置されてきた理想主義との親近性が見出されるものの，その多くは経験実証主義的な記述・分析にとどまり，規範論まで踏み込むことはない。よく注意して見てみると，リベラリズムもまた，結局のところ，国際機構などの制度さえもあえて利用するリアリズムの亜種であったり，コンストラクティビズムと言われるものも，言説の役割には注意を払うものの，知識と権力の繋がりの問題に注意を払わないソフトなリアリズムに過ぎなかったりする場合が多い。

それぞれ，現実のある側面に焦点を当てたアプローチのヴァリエーションではあるのだが，やはりアメリカというヘゲモニーの磁場の中での差異でしかないということになろうか。さらに加えて言うならば，それらのアプローチからは零れ落ちてしまう「別の現実」という問題がある。さらに，現実を模倣する形で理論を組み立てようとするアプローチそのものの限界，表象の限界という現実もある。そうした別の現実を照射しようとしてきたのが，世界システム論を含むネオ・マルクス主義，フェミニズム，ポスト・コロニアリズム，ポスト構造主義といった批判的視座からのアプローチであるが，それらは主流派のIRに対してマージナルな位置にとどまってきたし，たとえ言及されるとしても，付録程度の紹介に留まってきた。しかし，最近，特にイギリスでのIRの教科書の中には，そうしたオルタナティブ・アプローチを主題とするものも見られるようになってきた。その中には，リアリズム系のカノンを無視しポスト構造主義やポスト・コロニアリズム的な視点だけを紹介するといったものもある。

このブックガイドは，そうした新しい流れに呼応するものである。しかし，特に，昨今の日本のマスメディアにおける外交・政治に関する言説に代表されるように，旧時代的なリアリズムの語りが依然として大きな影響力をもっている現状を考えると，リアリズム系のカノンを完全にスルーしてしまうのも対応としては不適切だろう。そこで，このブックガイドでは，まずリアリズムの言う「現実」ということを出発点とした。そこを出発点としながらも，そうした「現実」の制約を越えていくためのガイド的役割を目指している。このガイドが，政治・規範理論と現状分析の間のインターフェースを探索しながら，「現実」の制約を批判的に越えオルタナティブへ目指していくための一助になれば幸いである。

第1部

「現実」をめぐって

E・H・カー

『危機の 20 年　1919-1939』

***The Twenty Years' Crisis, 1919-1939*, 1939**

井上茂訳，岩波書店，1996 年

——権力，道義，歴史をめぐる政治思想——

現実主義者，E・H・カー

E・H・カーほど異なる解釈をされる国際政治学者も少ないであろう。ある時は，現実主義者であり，あるときはヒットラーやスターリンの支持者であり，またある時はポストモダニズムの先駆者として我々の前に登場する。では一体，E・H・カーとは誰なのか？もともと大戦間期に外交官として活躍していたカーであったが，イギリスの主要紙のひとつである The Times の編集委員も務めた。彼はウェールズ大学校アベリストウィスの教授となり，国際政治学の傑作『危機の 20 年 1919-1939』を 1939 年に発表する。『危機の 20 年』は現在でも様々な著作や論文において度々言及される，国際関係学の古典中の古典とも呼べる名著であり，1946 年に改訂された第 2 版は現在でも異なるヴァージョンがあるものの，海外の店頭に並んでいる。この簡単な事実から考えても，この著作の国際関係における影響力の大きさは明らかであろう。

こうして現在でも度々言及される『危機の 20 年』であるが，この著作はいわゆる「国際関係における第一の論争」と呼ばれる現実主義と理想主義との論争の中に位置づけられるのが一般的な解釈である。第一次世界大戦の終結とともに設立された理想主義に基づく国際連盟の失敗が主要な関心であり，カーは現実主義的な立場から理想主義を批判したというのが一般に流布している理解であろう。その意味で，『危機の20年』は現実主義的な立場からの理想主義批判ということになる。しかしながら，この一般的な理解は必ずしもこの著作の全体像を理解しているとは言い難い。どちらかと言えば，この現実主義的なトーンは『危機の20年』の前半に特徴的であり，後半に入ってからのカーの議論は微妙にずれていく。つまり，前半のカーと後半のカーとの微妙なずれを考えると，E・H・カー＝現実主義者という紋切り型の解釈はミスリーディングであると言えるであろう。

政治理論としての『危機の20年』

では，『危機の20年』の具体的な内容を見ていくことにしよう。この著作は4部構成であり，それぞれに2〜4の章が割り振られている。第1部は「国際政治学」(第1章〜第2章)，第2部「国際的危機（第3章〜第6章)」，第3部「政治・権力・道義」(第7章〜第9章)，そして第4部は「法と改革」(第10章〜第13章）という題名であり，最後に結論として第14章が書かれている。本著書の副題が「国際関係学序論」(An Introduction to the Study of International Relations）であり，また序論に「わたくしは，来るべき平和の建設に当たる人たちに，本書をあえてささげさせていただく」とあるように，この本はそれまで学問としては理解されていなかった国際関係学の確立を目指したものである。事実，第1章のタイトルは「新しい学問のはじまり」とされており，ここからカーの痛烈なユートピア主義批判が始まる。

現代の大学における国際関係学の一般的な講義においては，しばしば「第一の論争」は現実主義 vs 理想主義という対立構造によって繰り広げられたといわれる。そして，先述したようにその中でカーは，ハンス・モーゲンソーとともに現実主義者の代表格として紹介される。しかしここで注意が必要なのは，カーの議論にはいくつかの深遠な哲学的な対立構造が埋め込まれていることであり，簡単に「現実主義」という言葉で彼の議論を表現することはできないということである。つまりそこには，観念論 vs 唯物論，自由主義 vs 社会主義，合理主義 vs 経験主義といった対立軸を読み取ることができるのである。

カーにとって，ウッドロー・ウィルソン米大統領の主導による国際連盟は，明らかに観念論的，自由主義的，合理主義的であった。それは，実際の国際情勢から切り離されたところで知識人たちによって作られたユートピアを実現しようとする試みでしかなかった。そこで見落とされていたのは，権力構造であり，それを無視した形でのユートピア創設の努力は，結局のところ「持つ者」と「持たざる者」とのギャップを前提とした秩序の再建・維持しか意味しなかった。すなわち，イギリスやフランスといった帝国主義の宗主国と新たに台頭してきた新興工業国の対立という構造の変化を，前者の優位な立場を保証する元の国際的な秩序体系に無理やり戻そうとする試みとなったのである。この現実の国際的な権力関係の変化と，それを認めようとしない観念論的な平和論とのギャップが第二次世界大戦を導いたのであり，この問題を解決しない限り世界的な平和は訪れないというのがカーの議論の骨子である。

カーによれば，この「持つ者」と「持たざる者」との対立構造を保証するのが自由主義経済秩序であり，これに偏りすぎた国際政治経済の秩序は単に経済的な優位性を持つ国々の特権を担保するものでしかないこと，そうした経済秩序が新興工業国の経済発展を阻害してしまうこと，そしてそれが紛争を招いてしまうことが詳細にそして批判的に述べられている。1980年代に登場する国際政治経済という視点は，すでにこの時点でカーによって議論されていたのである。

また，近年注目を集めている批判論的な議論も『危機の20年』には多く残されている。たとえば，政治にかかわる思考はそれ自体が政治行為の一つであり，何をなすべきかという意志それ自体が政治の実際を形作っていくことを指摘している。その意味で，知識人は世界の外側に位置するのではなく，国際関係の中に存在することとなる。そして国際情勢にある既得権益や政治的利害は必然的にその思考に影響を与えることとなる。つまり，ユートピア主義は気付かぬままに既得権の道具となっていく。その意味で国際関係を理解しているはずの知識人たちの客観性もまた疑問に付される。カーは，こうして国際関係とは何かに注目するのではなく，国際関係の認識の仕方に焦点を合わせる。つまり，観念論と唯物論，合理主義と経験主義との融合を目指し，認識論的な議論を展開したイマニュエル・カントの「コペルニクス的転回」を国際関係というフィールドで実行しようとしたのがこの『危機の20年』であったということも可能なのである。

構築主義と道義

しかし，カーの議論がユートピア主義を頭ごなしに否定するものであると理解するべきではない。なぜなら，『危機の20年』の後半は，こうしたユートピア主義と現実主義との融合を達成するための方策に費やされているからである。つまり，カーはユートピア主義を批判したのではなく，ユートピア主義に偏りすぎた国際関係の理解を批判したのである。事実カーは，一方でユートピア主義が現実の権力関係を無視することによって国際関係を不安定化させることを批判しつつ，現実主義だけでは政治は硬直化し，同じ経験を繰り返すだけになってしまうことに注意を喚起している。では，カーはどのようにして平和は可能となると議論するのか。そこでカーは国際的な共同体という概念を提示する。あたかもこの共同体が存在するかのように人々が語ることによってこの共同体は存在するのであり，この共同体こそが国家利害の衝突でしか世界を理解しない現実主義による空虚な世界像を乗り越える方法であるとする。そしてそこには国際的な道義の重要性がある。

この議論は現代の国際関係論においては構築主義（構成主義）と呼ばれる国際理解がベースとなった議論であるが，カーの主張するこの道義の重要性がまさに彼の議論の真髄であり，ここにカーの考える新たな国際秩序の一端が垣間見えるといえるであろう。そしてこの秩序で重要なのは，いかにしてより平和的な世界に向けての変革を，戦争によってではなく国際共同体を通した粘り強い交渉によって成し遂げるかというところにある。つまりカーの考える国際秩序とは，こうした交渉の場の重要性が各国によって認識され，現実に国際共同体によって運営されることによってしか実現できないのである。それは，ばらばらになった国々による利害のぶつかり合いや，逆に世界全体がひとつになった世界政府の樹立といったものではなく，国際的な共同体意識の成立を必要とするのである。

『危機の 20 年』の秀逸さは，単なるユートピア主義批判と現実主義的な主張にあるのではない。それは，国際的な道義と権力との間のバランス感覚にあり，そのバランスを担保するための認識論的な議論の展開にある。そしてその意味で『危機の 20 年』は，現代の国際関係を学ぶ私たちにも大きな示唆を与えてくれるのである。

E・H・カー（Edward Hallett Carr, 1892-1982）
　イギリスの国際政治学者，歴史家。主な著作に，『ナショナリズムの発展』『歴史とはなにか』など。

参考・関連文献

Michael Cox, ed, *E.H. Carr: A Critical Appraisal*, Palgrave, 2000. カーについての批判的な論文集。現在活躍する世界的な国際関係研究家たちによるカーについての議論を収録

Charles Jones, *E. H. Carr and International Relations: A Duty to Lie*, Cambridge University Press, 1998. カーの理論全般を紹介しているが，特に The Times 時代に焦点が当たっている。『危機の 20 年』に関しては，第 3 章にある。

遠藤誠治「『危機の 20 年』から国際秩序の再建へ　E. H. カーの国際政治理論の再検討」（『思想』945 号，2003 年）

デイヴィッド・ロング，ピーター・ウィルソン『危機の 20 年と思想家たち　戦間期理想主義の再評価』（宮本太郎，関静雄訳，ミネルヴァ書房，2002 年）カーが理想主義者と非難した一群の戦間期の国際政治家たちの考えは，カーが考えたように一様ではなく，多様で，現実の政治にも影響を与えたという点から，戦間期の「理想主義」思想を再評価した研究書。

（清水　耕介）

ハンス・J・モーゲンソー

『国際政治　権力と平和』

***Politics among Nations: The Struggle for Power and Peace,* 1948**

現代平和研究会訳，福村出版，1986 年

――あらゆる政治の本質は権力闘争である――

現実主義理論の確立

ハンス・J・モーゲンソーの学問的業績，特にその代表作『国際政治』が国際関係論の展開に与えた影響は，「国際関係論の歴史はモーゲンソーとの対話の歴史であった」と評されるほどである。本書でモーゲンソーは，従来の国際関係論が，人間理性を素朴に信じ，国際法や国際機関の発展によって世界から紛争を完全に除去できるという「理想主義」を奉じてきたことを痛烈に批判し，国際政治の本質を権力闘争（パワー・ポリティクス）に見出す現実主義（リアリズム）理論を打ち出した。

モーゲンソーの現実主義理論は人間性の観察を出発点に，次のように展開される。人間性の本質は他者を支配しようとする権力欲にある。この権力欲が典型的に表出するのが政治の領域であり，国内政治でも国際政治でもその本質は権力闘争である。特に強力な中央政府も存在せず，構成員同士の間に十分な連帯感情もない国際政治において権力闘争は熾烈なものとなり，そこで実現される善とはせいぜい「より少ない悪（lesser evil）」にすぎない。

モーゲンソーが国家間の権力闘争の分析のために導入するのが「力によって定義される利益」の概念である。モーゲンソーはあらゆる国家は「力によって定義される利益」を追求すると仮定する。しかしだからといって，国際平和への努力が放棄されてしまうわけではない。むしろモーゲンソーは，あらゆる国家を等しく国益を追求する政治体として見るからこそ，自国の国益のみならず他国の国益への想像力が働き，自他の国益に配慮した中庸の政策をとれるのだと強調する。「力によって定義される利益」の概念は，権力闘争の分析概念であるとともに，権力闘争を制御し，相対的な平和を模索するための規範概念なのである。

そもそも「権力と平和への闘争」という副題が示すように，『国際政治』は，国際政治から権力闘争を除去することはできないことを冷徹に認識した上で，実現可能な平和を模索する著作である。そのことは本書の構成にうかがえる。同書序盤で権力闘争としての国際政治について説明がなされた後，中盤では国家間の権力闘争を制限する諸要因——勢力均衡，国際道義，世界世論，国際法——が考察される。終盤では「制限による平和」「変革による平和」「調整による平和」という3つのカテゴリの下，軍縮，集団安全保障，国際警察，国際裁判，国際政治，世界国家，ユネスコ的な文化アプローチ，機能主義的アプローチ，外交等，様々な平和への試みの有効性と限界が検討される。

確かに『国際政治』が提示する平和の処方箋は複雑である。しかし国際政治の複雑な現実から目を逸らし，どこかに戦争や暴力から人類を完全に解放する一つの方程式があるという想定に逃げることを，モーゲンソーは最も嫌った。『国際政治』の複雑さは，安易な平和の解を拒絶し，可能な限り多様な方面から戦争の制御方法を模索しようとするモーゲンソーの平和哲学の表明にほかならない。

『国際政治』と冷戦

『国際政治』は，国際関係論における現実主義理論を確立した学問的功績とともに，冷戦期アメリカ外交の思想的基盤を提供した政策的価値においてもたたえられてきた。権力闘争の不可避性，「力によって定義される利益」に基づく外交という主張は，米ソ冷戦に直面した米政策決定者に一つの指針を与えたのである。しかしこの経緯ゆえ，同著には常に，アメリカ冷戦戦略の弁明というイメージがつきまとってきた。『国際政治』は，米ソ二極構造を所与の現実と見なし，理論が前提とする現実が歴史的に変容していくことへの視座を欠いた静態的な議論——そして結果的にアメリカの覇権の維持に資する議論——と批判され続けたのである。

しかしモーゲンソーは冷戦を永続的な現実と見なしていたわけではない。モーゲンソーは，『国際政治』第2版（1954）の段階で，第三世界の台頭，世界の多極化という長期的趨勢を予見していた。すなわち，第三世界の独立運動は「民族自決」と「社会正義」という理念を掲げた正当な運動であり，軍事力で鎮圧できる性質の運動ではない，長期的趨勢として第三世界の台頭は不可避であり，米ソの二極構造は変容・解体していくというのである。こうした分析は，モーゲンソーが現実分析の核に据える「力」概念が，軍事力や経済力，技術力といった物質的諸力のみならず，道義的影響力のような「ソフトパワー」も含む，柔軟で包括的な概念であることを物語る。

以上のモーゲンソーの冷戦分析は，ケネス・ウォルツらが，モーゲンソー理論の「非科学性」を批判して打ち立てた新現実主義（ネオ・リアリズム）のそれとは明らかに異なるものであった。権力欲という人間本性を議論の出発点に据えたモーゲンソーに対し，新現実主義者は，諸国家の行動を規定する「構造」の解明，具体的には大国間のパワー配分と国際秩序の安定との関係性の分析に力を注いだ。しかし新現実主義は「科学」的理論を追い求めるあまり，理念や情念のような観念的要素が国際秩序に与える影響を分析の埒外に置いてしまった。ヴェトナム戦争に対するアメリカの拙劣な対応が，その「ソフトパワー」に及ぼす深刻な影響を危惧し，膨大な論稿を著したモーゲンソーとは対照的に，ウォルツはヴェトナムという「周辺」で起こった局地戦争にさほど興味を抱かず，米ソ二極構造の安定性の弁証に終始した。両者の対照は，モーゲンソー以降の「科学的」国際関係論の追求が，必ずしも人々の世界理解を豊かにするものではなかったことを示している。

21世紀に引き継がれる「モーゲンソーとの対話」

『国際政治』は国際政治の理論家としてのモーゲンソーの代表作である。しかしそもそも現実主義理論は，モーゲンソーの思想をどれほど代表するものなのだろうか。昨今，アメリカに亡命し，国際政治の理論家として大成する以前のモーゲンソーの豊かな知的営為に注目が集まり，モーゲンソーの思想全体に占める現実主義理論の重要性は相対化されてきている。

しかし他方，ブッシュ Jr. 政権以降，混迷の中にあるアメリカ外交を刷新する指針として，モーゲンソーが提示した現実主義外交は新たな脚光を浴びている。その背景には，第二次大戦後のアメリカは，モーゲンソーの現実主義外交を正しく理解し，吸収してこなかったのではないかという反省，適切な現実主義外交の不在が，今日のアメリカ外交の行き詰まりの根本原因ではないかという問題意識がある。

確かに冷戦期アメリカ外交は，国際法や国際機関への楽観的期待を捨て，米ソの権力闘争の不可避性を受け容れ，力と国益を基軸にした外交を展開した。しかしこれは「権力と平和」という『国際政治』の２つの主題のうち，「権力」のテーゼを受け容れたものに過ぎない。モーゲンソーにおいて，国際政治における権力闘争の不可避性という洞察は，それゆえ相対的な平和を実現するには，諸国家は自国が正しいと信じる価値を相手国に押しつける「十字軍的熱狂」を抑制し，他国と妥協共存して生きていかねばならないという平和論と分かち難く結びついていた。しかし冷戦期アメリカが「現実主義」の名の下に推し進めた対外政策は，「権力」の論理としての現実主義に傾斜し，その「平和」の論理を忘却したものであった。事実，モーゲンソーは，アメリカの冷戦戦略に幻滅を深め，ヴェトナム戦争に際しては，独善的な使命感に駆られたアメリカの軍事行使を激烈に批判したのである。

歴史的にアメリカ外交には，アメリカの対外政策は，他国のように狭い国益観念にとらわれることなく，道義原則の実現を目指すべきだという「宣教師外交」の伝統が根強く存在してきた。そこでは，国益と力の調整を基軸とするモーゲンソーの現実主義外交は，「新世界」アメリカにそぐわない堕落した「旧世界」の外交論理という批判をこうむり続けてきた。しかしモーゲンソーの現実主義外交は，自国の大義の正しさ，自国の価値観の普遍性を自明視しがちなアメリカにこそ必要な知恵であった。イラク戦争という大きな代償と引き換えに，今日アメリカは，真に現実主義的な外交は，他国の国益や国際秩序全体の安定にも配慮し，独善的な軍事行使がいかに道義的権威を損なうかを自覚した，慎慮あるものでなければならないというモーゲンソーの提言に耳を傾け始めている。21世紀にあっても「モーゲンソーとの対話」はますます豊かに展開され，多くの示唆を与え続けるだろう。

ハンス・J・モーゲンソー（Hans J. Morgenthau, 1904-1980）
　ドイツ生まれ。当初は法学研究に従事。ナチズムを逃れてアメリカに亡命。国際政治学者として名を馳せた。主な著作に，『科学的人間対権力政治』『世界政治と国家理性』『アメリカ外交政策の刷新』など。

参考・関連文献

有賀貞他編『講座国際政治1　国際政治の理論』（東京大学出版会，1989年）
　大畠英樹は，戦後国際関係論の発展における「モーゲンソーとの対話」の重要性を強調。
高柳先男『パワー・ポリティクス　その原型と変容』（有信堂高文社，1991年）パワー・ポリティクス論を包括的に理解するための格好の書。
原彬久『国際政治分析　理論と現実』（新評論，1993年）モーゲンソーの現実主義における「権力」と「平和」の両面をバランスよく分析。
鴨武彦編『講座 世紀間の世界政治5　パワー・ポリティクスの変容　リアリズムとの葛藤』（日本評論社，1994年）諸国家の権力闘争が国際環境の変化に応じ，様々な様態で現われる姿を描く。

（三牧　聖子）

ラインホールド・ニーバー

『道徳的人間と非道徳的社会』

***Moral Man and Immoral Society: A Study in Ethics and Politics*, 1932**

大木英夫訳，白水社，1998 年

――政治，それは，道徳と権力の張り詰めた緊張――

ラインホールド・ニーバーは，現代の国際政治学における現実主義の源流を生み出した人物の一人である。ニーバーの主要な著作の一つである『道徳的人間と非道徳的社会』は，E・H・カーが『危機の 20 年』を執筆するに当たり，最も影響を与えた文献の一つでもある。さらに，ハンス・モーゲンソーはニーバーについて，欲望を追求してやまない人間の本性を発見し，権力によって定義される政治の領域を再認識した人物として高く評価している。しかし，ニーバーという人物を，権力政治を説いた現実主義者と素朴に捉えるのは誤りである。なぜなら，ニーバーは，政治というものを道徳と権力の間の緊張に見たからである。

問題認識

『道徳的人間と非道徳的社会』という著作を理解するためには，ニーバーの生きた時代を回顧した方がよいであろう。ニーバーは，牧師であった。ニーバーは，デトロイトにある教会の牧師であった頃に，フォード社の労働者が置かれている困窮状態を目の当たりにしていた。1920年代のアメリカでは，労働者運動が盛んであった。ニーバーもまた，社会主義に傾倒し社会の変革を訴えるキリスト教者になった。労働者の窮状を改善するためには，どのようにしたらよいのであろうか。ニーバーの問題認識は，ここから始まったのである。

ニーバーは，このような社会の不公正の原因が，人間の本性にあるとみた。ニーバーによれば，人間は他者の必要に配慮するような自然の衝動をもつ本性をもっている。ところが，人間は想像力をもっており，生存に必要な欲求を超えるほどの願望を抱くこともできる。しかし，人間の想像力には限界がある。なぜなら，人間が他者の利害を自身の利害と認識するほどに，自己自身の利害を超越できる想像力をもっていないからである。つまり，人間の想像力は欲求の原動力になるが，他者との欲求を調整する十分な力にはなりえないということである。

それゆえ，人々の間の利害を調整する必要が生ずることになる。ニーバーは，社会の営みが部分的には理性や知性といった世俗的価値や，慈善や寛容といった宗教的価値を通じて円滑に進められることを否定しない。しかし，彼は，社会の統合と秩序の維持のために，強制的手段が必要であると考えるのである。ところが，彼の思索は，そこで終わらない。ニーバーは，強制的手段が社会を統合する一方で，社会に不正義を導入することになるとも指摘する。それは，統治者や支配階級が，自らの欲求を満たすことのできる平和と秩序を維持するために，多くの人々の欲求を抑圧しようとするからである。

道徳と権力の衝突

そこではじめて，ニーバーの政治観に到達できる。ニーバーによれば，社会において人々の利害を調整するために強制力は必要である。そして，このような強制力の否定的な影響を緩和するために，理性や知性といった世俗的価値や，慈善や寛容といった宗教的価値も不可欠になる。それゆえ，ニーバーにとっての政治の場とは，良心と権力が衝突し，人間生活の倫理的要素と強制的要素が相互に入り組み，その間に一時的な妥協が成立する場ということになる。つまり，ニーバーは権力を政治の本質と捉えたのではなく，道徳と権力の間の緊張に政治の本質を見たのである。

このように考えると，人々は，道徳と権力が衝突することを甘受するほかないように思われる。しかし，ニーバーは政治の目標を次のように積極的にとらえている。ニーバーによれば，政治の目標は，道徳主義者や宗教主義者が理解するように，政治から権力の要素を除外することではない。それは，理性や宗教の要素を徐々に増大させながら，権力の要素を減少させていくことにある。これについて，ニーバーは以下のように言及している。「きたるべき数世紀にたいする集団的人間の関心は，強制のない完全な平和と政治の理想的社会の創設などではなくて，集団的人間の共同の事業が完全な破滅に終わらないようにそれを防ぐに足るほど十分な正義があり，同じく十分な非暴力的な強制力をもつ社会を創設することである」。つまり，ニーバーは，社会の変革を暴力や革命ではなく，非暴力的な強制力を通じて成し遂げることが望ましいと考えたのである。

ニーバーは，社会の不公正を改革することで，アメリカの労働者がおかれた状況を改善することに関心があった。それゆえ，ニーバーの議論は，マルクス主義者と同様に階級に向かうことになった。ニーバーは，社会における平等の達成というマルクス主義者の政治的目標は否定しなかった。彼が問題にしたのは，これを達成する手段である。

マルクス主義者によれば，資本主義を支える民主主義国家は暴力的革命によって打倒されるべきである。そして，国家は解体し，労働者が平等な社会を構築することになる。ニーバーは，マルクス主義者が夢想する平等な社会が，国家という強制的機構なしに実現できるのかを問題にした。どのような社会においても，人間の利害の調整が必要である。それは，政治の機能である。そのような政治の機能を失った社会は存続できないであろう。これが，ニーバーの主張である。

しかし，ニーバーは暴力的革命を否定したのではない。平等な社会の構築という政治的目標を実現するためには，暴力的手段か非暴力的手段かという選択はあまり重要ではない。そのような選択は，正しいか正しくないかという倫理的問題というよりも，実現可能かどうかという政治的問題である。革命という手段によって，抑圧された労働者が解放されて，より平等な社会が形成されるのであれば，政治的に妥当なのである。

ところが，暴力を無制限に行使してよいと，ニーバーは考えていない。暴力的革命によって民主主義国家が打倒されたのちに，新たな国家が建設されたとしても，その国家が人々に対して暴力をふるうおそれは否定できない。そして，人々が，再び新国家に対して革命を起こすかもしれない。暴力の連鎖は，どのように断ち切れるのであろうか。

そこで，ニーバーが着目したのは，ガンディーの非暴力的手段であった。たとえば，権力を持っていない組織が，強大な組織に暴力で抵抗しても無益である。しかし，市民的不服従，ボイコット，ストライキなどのあらゆる種類の非暴力的行為を駆使することで，強大な組織に打撃を与えることは可能である。ニーバーは，政治的目標を実現する手段としての暴力を否定したのではないが，政治的妥協を促す非暴力的手段の効果を正当に評価したといえるであろう。

国家と国際関係

ニーバーの関心は，アメリカの国内情勢だけでなく，世界の国際情勢にも向けられた。社会において個人と集団の利害を調整しているのは，国家である。それでは，国家間関係において国家と国家の利害を調整できるのは，誰なのか。

ニーバーによれば，理性や道徳は，国家間の対立をある程度抑制することは可能であるが，国家間の利害を調整できるほどに成熟してはいない。そして，国際社会において理性や道徳が発展し，国家が他国の利害について理解できるようになったとしても，大きな課題が残されている。それは，国家の自己中心性である。国家の自己中心性は，国民の非自己中心性（愛国心）によって支えられている。愛国心をもった国民は，自身のエゴイズムを抑制して国家に献身することになる。国家は，国際社会における自由や正義といった普遍的価値を追求することを表明して，国民からの献身を取り付けようとする。

しかし，ニーバーによれば，これは，国家の自己欺瞞と偽善にすぎない。国家の追求する普遍的価値は，国家の特殊な利害を反映したものである場合がほとんどだからである。このような国家の自己欺瞞と偽善によって，国家間の利害の調整は，さらに困難になるのである。

ニーバーによれば，国際政治において，理性と道徳だけを通じて平和が達成されることはない。なぜなら，国家の自己中心性が強固であるからである。しかし，ニーバーの政治理念に従えば，国家の権力の機能だけでも世界の安定はもたらされないのである。権力と道徳の鋭い緊張関係にあって，政治には，十分な正義と十分な非暴力的強制力のある社会を構築することが求められているのである。

『道徳的人間と非道徳的社会』以降の議論

ニーバーは，社会主義と非暴力平和主義から距離を置くようになり，第二次世界大戦後には，ソヴィエトに対する断固とした政治的対応を主張する現実主義者に転向した。彼の立場は，キリスト教現実主義といわれる。しかし，彼の批判の矛先は，アメリカの理想主義や合理主義にも向けられた。たとえば，『アメリカ史のアイロニー』では，アメリカが自国の歴史を希望と正義に満ちたものであると過信することで，絶望と不正義に陥ることになると警告している。この警告は，対テロリズム戦争に邁進する現在のアメリカに対するものと読み取ることもできる。

ニーバーは，現実主義者である。彼自身が，自らをそう呼んだからである。しかし，ニーバーは現実主義という一つのカテゴリーには収まりきらない，ふくよかな議論を提供してきた。ニーバーの政治思想は，国際政治を分析するための視座をもたらす可能性を，いまだに持ち続けている。

ラインホールド・ニーバー（Reinhold Niebuhr, 1892-1971）

アメリカの牧師，神学者，政治学者。主な著作に，『光の子と闇の子 デモクラシーの批判と擁護』『アメリカ史のアイロニー』『世界の危機とアメリカの責任』『近代文明と基督教』『基督教倫理』『キリスト教人間観 人間の本性』『信仰と歴史』『自我と歴史の対話』『義と憐れみ 祈りと説教』など。

参考・関連文献

平田忠輔『現代アメリカと政治的知識人　ラインホルド・ニーバーの政治論』(法律文化社, 1989 年) アメリカの知識人としての, ニーバーの政治思想を中心に扱った書物。

鈴木有郷『ラインホルド・ニーバーとアメリカ』(新教出版社, 1998 年) 第二次世界大戦期以降のアメリカの歴史的変遷と, ニーバーのアメリカに対する認識の変化が整理されている。

鈴木有郷『ラインホルド・ニーバーの人間観』(教文館, 1982 年) ニーバー神学における人間観と, これを応用した, 戦争や平和などの社会問題に関する議論について紹介されている。

チャールズ・C・ブラウン『ニーバーとその時代』(高橋義文訳, 聖学院大学出版会, 2004 年) ニーバーの生涯と思想を, 歴史を背景にして包括的に扱っている。

(上野　友也)

ケネス・N・ウォルツ

『国際政治の理論』
Theory of International Politics, 1979

河野勝，岡垣知子訳，勁草書房，2010年

——国際政治とは，国際政治であるから，国際政治である——

ネオ・リアリズムの金字塔

本書は1975年の論文「国際関係の理論（Theory of International Relations）」を基礎にして，1979年に刊行された。以来，国際政治学の最も重要な基礎文献の一つとみなされてきた。基本的にはネオ・リアリズム（本人は必ずしも「ネオ」という呼称を好まない），構造主義リアリズムの根幹を構築した著作として評価を受け，1980年代以降のいわゆるネオ・ネオ論争（ネオ・リアリズムとネオ・リベラリズムの間で相互収斂的な結果を伴って闘わされた論争）をはじめ，リアリズム国際政治学の理論的発展の礎となり，批判の的となることを通してポスト・モダニズムやコンストラクティビズム（構成主義）の理論的発展にも少なからず貢献してきた。コンストラクティビストとして知られるアレクサンダー・ウェントが1999年に刊行した著作を『国際政治の社会的理論（*Social Theory of International Politics*）』と題したのは，まさに本書と拮抗し，超克しようとするウェントの意思のあらわれであった。英語圏，特にアメリカの国際政治学において本書は，国際政治理論研究者にとって「ウォルツ以前／以後」という表現が妥当なほどの知的衝撃があった。

その一方で，本書の訳者のひとりである岡垣知子氏が適切に論じているように，ウォルツの仕事は日本では黙殺されるか，誤読されることが多かった。これは，ウォルツの議論を単なるネオ・リアリズムまたは構造主義リアリズムの理論書としてのみとらえるという意味では，日本以外でも看取される現象でもある。こうした「誤解」が起きる背景には，そもそもウォルツが通常の多くの国際政治学者と決定的に違う知的体質の持ち主であるためである。彼が結果として提出した知の構築物の首尾一貫性や整合性に関する研究は文字通り汗牛充棟の観を呈しているが，そのことを正面切って言及し，検討したものはほとんどないのである。

「国際」政治の構造

国際政治の理論は，(1) 国際政治システムを規定しているアナーキー（世界政府の欠如）という秩序原理と，(2) 国際政治の主要なユニットである国家間の能力分布という2つの要素に基づいて，国際システムの構造に着目して構築される。これが，本書の論理的な核心である。もし「国際政治」に「理論」があるとすれば，それはこれ以上でもこれ以下でもない。それがウォルツの基本的な主張である。

国際政治の理論は，勝義の，言葉の本質的な意味での体系的アプローチによってはじめて成立する。そのためにはまず，構造とユニットを峻別しなければならない。構造はユニット間の相互作用関係とは独立して存在し，ユニットの行為を規定する。ユニットの相互作用は通常は構造の範囲内で生起するものであり，ユニットの相互作用から構造の特質を導き出すことはミスリーディングである。いわゆる還元主義アプローチは，システム・レヴェルとユニット・レヴェルを峻別しておらず,「インサイド・アウト」, つまりユニット間の相互作用の分析を通してシステムを記述しようとするという誤りを犯している。

ウォルツは「理論」を,「法則の単なる集合であるというよりは, それらの法則を説明するもの」と定義する。「法則」とは「変数間に関係を構築するもの」である。一般的に理論は領域を限定し, その領域内で成立する諸法則を発見していくなかで, それらの諸法則のすべてを成り立たせている何か, として見出される。ウォルツは国際システムの構造とユニット間の力の分布という形で対象となる領域を設定し, 国際政治の理論を確立したことになる。

つまりウォルツの理論は, ネオ・リアリズム, 構造主義リアリズムのみにあてはまる理論としてではなく, リアリズム, リベラリズムといった立場の違いを問わず, すべての国際政治学, すべてのイズムを根底において不可避的に規定する理論としての普遍性や妥当性を持っている。国際政治が国家間の政治を意味し, その領域の限定の意味が根本的に失われない限りは, そしてアナーキーというシステム自体の変化が起こらない限りは, 国際政治がアナーキーであり, アナーキーであることが国家間の相互作用を規定するという以上のことも, またそれ以外のことも捨象可能であり, また捨象するべきであるというのがウォルツの議論の根幹である。

アウトサイダーとしてのウォルツ

ウォルツになぜ本書のような仕事が可能であったのかを理解するためには, 彼自身の知的なバックグラウンドを知る必要がある。彼はもともと理系出身で, 数学や数理経済学を専攻しており, しかも大学院ではフランツ・ノイマンの門を叩き政治哲学に転向していた。

国際政治はあくまでその副専攻として，数学を使って国際経済を勉強すれば容易に単位を取得できるという意図から履修していたのである。副専攻の指導教官がロバート・フォックスに替わり，国際政治全般を勉強せざるを得なくなったときに，文献の山のなかから戦争の原因に関する議論の混乱を見出し，その原因を第１イメージ，第２イメージ，第３イメージの３つに分類するレポートを作成した。このレポートが，ノイマンの死も相俟って，フォックスの指導の結果，時を経て博士論文となり，1959 年に『人間・国家・戦争』として刊行されたことで，国際政治学者ウォルツが誕生したのであった。

その際ウォルツは，ルソーやマキャベリなどの政治哲学から国際政治を論じるという意味で，そして政治哲学から理論的考察を行うという意味で，「外側」からの新しい研究者として理解された。しかしウォルツの本質は政治哲学の側ではなく，あくまで種々雑多な国際政治現象に通底する理論を発見するという点にそもそもあった。本書でのホブソンやレーニンの分析も，もとはといえば『人間，国家，戦争』において，また本書でも引用される「理論は経験によって検証することはできるが，経験から理論を構築することはできない」というアインシュタインの言葉が象徴する，理論とは何かという点に関する考察も『人間・国家・戦争』の刊行過程において，改めてそもそもの自己の知的な志向に先祖返りする形で準備され，展開されたものであり，その志向は本書に一貫して継承されているのである。

思い切った言い方をすれば，ウォルツの〈知〉の本質は国際政治学者であることにさえないのである。ウォルツは常に，複雑な現実の背景にある構造を発見し，記述し，理論を組み立てて説明する仕事を行おうとしているのであり，それは処女作から本書，そして近年の著作に至るまですべて一貫している。もちろんウォルツは二極安定論や核抑止論など「狭義」の国際政治学者としての研究も行っているが，彼がもっともその資質を十全に発揮するのは国際政治の研究者や実務家たちが意識的であれ無意識的であれとらわれている，国際政治に関する目には見えないものの考え方を言い当ててみせる仕事においてである。

つまり国際関係研究者や実践者をむしろ研究対象としてとらえ，彼らの「ものの考え方」に通底する構造を発見して理論的に記述すること，それがウォルツの本領なのである。その点から見れば本書は，いかなる立場をとろうとも，国際政治学という「知」の体系が全体として否応なしに拘束され規定されている構造を解明した仕事なのであり，ネオ・リアリズム，構造的リアリズムといった，いわば小文字の「イズム」間の論争に「還元」されるような知ではそもそもないのである。

ウォルツは理論の発見とは「目に見えない物事の関係を明らかにする」ことであり，「ある時点で明晰な直感がひらめき，創造的な考えが生まれ」ると述べる。実は処女作『人間・国家・戦争』もまた，そうした「ひらめき」から生まれたものであった。その意味でウォルツはそもそも，単なる理論屋でもモデラーでもなく，構造や理論を発見するある種の美的感覚を豊かに持った国際関係研究者なのである。

本書はとかく，アナーキー・自助・力の分布・二極か多極か，といったキーワードをもとに，映画『戦艦ポチョムキン』の「オデッサの階段」のように，歴史的位置づけや風評によってあらかじめ形成された先入観に基づいて読まれてしまう，ないしは読んだことにされてしまうことが多い。このことはE・H・カーやモーゲンソーなどの国際関係学における他の「古典」と同様に本書が抱えざるを得ない宿命である。しかし，ここまで述べてきたようなウォルツの知の特質を踏まえて初めて，本書の十全な評価や意義付けが可能になると思われる。その意味では本書はまだ，最もよく読まれているにもかかわらず最も誤解されている著作であると形容することもできよう。日本語訳が出版されたこともその一助となると思われるが，本書，そしてウォルツの射程がより適確に理解されるようになるのは，むしろこれからであるといってもよいのである。

ケネス・N・ウォルツ（Kenneth N. Waltz, 1924- ）

アメリカの国際政治学者。主な著作に，『対外政策と国内政治』『人間・国家・戦争』『現実主義と国際政治』など。

参考・関連文献

信夫隆司『国際政治理論の系譜　ウォルツ，コヘイン，ウェントを中心として』（信山社，2004年）3人の国際政治学者の理論構成を比較した考察。

樋野芳雄「ケネス・N・ウォールツの現代国際政治認識　構造的リアリズムの展開1・2」『愛知大学文学論叢』88，92号（1988年6月，89年12月）ウォルツの議論の発展を丹念にたどり整理した論考。

岡垣知子「ウォルツと日本と国際政治学　『国際政治の理論』を振り返って」『戦略研究』第5号（2007年11月）訳者の一人によるもっとも信頼できる概説及び批評。

芝崎厚士「ケネス・ウォルツ論序説　『人間・国家・戦争』の成立過程を中心に」『思想』1020号（2009年4月）ウォルツの学問形成と〈知〉のありかたを実証的に検討した考察。

（芝崎　厚士）

第2部

法・規範と自由

ヘドリー・ブル

『国際社会論　アナーキカル・ソサイエティ』

***The Anarchical Society: A Study of Order in World Politics*, 1977**

臼杵英一訳，岩波書店，2000年

――ルールと秩序が緩やかに広がる国際社会の思想――

無政府状態は無秩序状態ではない

アナーキー（anarchy）は，無政府状態と訳され，そうした状況では法も安全保障も存在しない「無秩序」状態が含意される。しかしながらブルは，国際関係のアナーキーが国内におけるそれとは同一視できないとして，たとえ国家間の関係が緊張関係にあったとしても，国際面で相互作用が存在することをもって，何らかの秩序が存在すると考える。それが本書タイトル「アナーキーな社会」の言葉の由来である。その際，単なる相互作用のみが存在する状況を「国際システム」という概念で捉え，さらにルール・利益・価値といったものが国家間で共有されている状況を「国際社会」もしくは「主権国家から成る社会」という概念で捉え，両者を区別している。その上でブルは，この「国際社会」の主要な基本的目標を維持する活動のパターンをとくに「国際秩序」と表現している。ここで国家の基本的目標とは何かについて，本書の原著のサブタイトル「世界政治における秩序の研究」という言葉を起点に考えてみたい。すなわち，本書は「秩序」を論じたものなのである。

秩序を実現するための国際社会の保全

まずブルは秩序を論じるにあたって，「社会生活における秩序」が何かについて述べている。あらゆる社会は三つの基本的目標をもっているとする。第一に，暴力に対する生命の保全。第二に，契約の遵守。第三に，所有の安定である。ブルは明言していないが，これらは各国の国内社会で実現されている価値であり，そうした主権国家が複数併存する状況を踏まえたところで，次に「国際秩序」の議論へと進み，徐々に「国際社会」概念が登場してくる。この点，ブルは別の論文で諸国家が単に共存している状態を「最小限の世界秩序」と呼び，それが発展して相互の積極的な協力関係にある状態を「国際社会」もしくは「最適な世界秩序」と呼んでいるように，世界秩序のあり方には常に関心を持っている。しかし，本書の分析の中心は「世界秩序」にはなく「国際社会」にある。そして，この「国際社会」は，勢力均衡・国際法・外交・大国間協調・といった諸要素が織りなす様々なルールを通して構成され，戦争でさえ国際社会を支える制度として把握される。今日，核兵器の登場によってその範囲が著しく制限されてきたにもかかわらずである。

こうしてブルの理解する「秩序」が実現できるかどうかは，諸国家が自らの安全保障と自律性を維持できるかどうかにかかっている。つまり，国際社会といっても，この社会は全体性や統一性を示しているのではなく，緩やかな諸ルールや国家の相互性の中で形成されたものである。そのルールの緩やかさゆえ，この社会は戦争や紛争といった不安定要因をも孕んだものとなっている。こうした不安定性に対処するため，たとえ各国の追求する目的が異なっていようとも，国際秩序の維持は「共通利益」もしくは「共通価値」になるのである。その意味で，ブルの国際社会論は「戦争の後に平和が訪れる」という現象を，国家間の秩序回復という共通の利益や価値の実現として説明できるのである。国際社会は，国家間の協力関係からも構成されるが，利害計算に基づいた現実主義的な国々の行動によっても構成されている。しかし，この国際社会の保全は，各国の利益の計算から行われるのか，それとも国際社会そのものの存在が価値として尊いがゆえになされるのかについて立場に違いが生じる。つまり，国家の相対的な自律性や利己的行為が許容される状況を尊重する「多元主義」的立場か，もしくは国家の利己的な行動を批判し，そうした国々の能力を制限しながら協力的な国家間システムを目指す「連帯主義」的立場のどちらに重きを置くかで，「国際社会」の理解が異なってくるのである。この点，ブルは1960年代から70年代にかけては（本書は1977年出版），連帯主義的な進化した国際社会は不可能ではないが，それは未だ現われていないとみている。あたかもそうした連帯が存在しているかの如く行動すれば，われわれは現在の国際社会の秩序化能力を過小評価するか，拒否しかねないとして慎重な立場をとっている。とはいえ，合理的な利害計算から価値に至るまで，「国際社会」にはそれだけの立場の違いを包摂できるだけの広がりのある枠組みともいえる。

新しい中世ではなく「グローバルな」国際社会

こうした国際社会概念は，ブルが本書で挙げる三つの競合する思想的伝統の中に位置づけることで理解が促される。第一に，国際政治を闘争状態と見なすホッブズ的（現実主義的）伝統。第二に，潜在的な人類共同体が国際政治においても機能していると見るカント的（普遍主義的）伝統。第三に，国際政治は国際社会の枠内で発生すると見なすグロティウス的（国際主義的）伝統である。もちろん，上記で論じてきたブルの国際社会はグロティウス的伝統の多くを引き継いでいるといえる（ホッブズ的世界観とカント的世界観の限界[すなわち国内類推の限界]についての議論に関しては本書を紐解いていただきたい)。ただし，ブル自身の持ち前のバランス感覚で，グロティウス的な国際社会観は万能ではないことも指摘されている。ホッブズ的な戦争状態やカント的な国境を超えた忠誠心といった要素も現実を構成することがあるのである。また彼は既存の秩序に満足しない人々がいることにも自覚的である。

それゆえブルは19～20世紀を通して，多様な主権国家が国際社会に参入した結果，国家間システムは新たな普遍性を帯びたグローバルな国際社会へと変化したと論ずるも，かつてのヨーロッパ的な同質的国際社会は失われており，他文明との交差という問題にも敏感である。こうして，ブルによって国際社会は頑強というよりもむしろ不安定性を常に内包したものとして描かれる。とはいえ，ブルが使用するグローバルという言葉は，あくまで主権国家から成る社会が世界規模に拡大したことを意味するに過ぎず，近年活発に議論されてきたグローバル化の議論とは一線を画する。やはり国際社会が議論の中心に位置している点はぶれていない。

この点，ブルは王以外の権威が併存していた中世に似せて，国家だけでなく国家以外の多様なアクターが活動するイメージを指す「新しい中世」概念が，近年論じられていることを検討している。そこでは，国際社会の枠組みが新しい中世の枠組みに取って代わられつつあるとして，地域統合・国家の分裂・プライベートな国際暴力の復活・国境横断的な機構・世界の技術の統一化について触れている。こうした兆候はグローバル化研究における重要なテーマであるが，他方で，彼は新しい中世論を慎重に退けて，依然として主権国家から成る社会の有効性を論じているが，なぜそうした立場をとっているのかを考えるべきだろう。

ブルが秩序についての研究者であることはすでに指摘したが，彼は領土と人口を支配する対内主権の最高性を，国家が依然として保持しているからこそ秩序が保たれていると理解している。逆にいえば，国際組織，多国籍企業，ローマ・カトリック教会などの宗教団体が領土と人口を把握するような事態が登場すればブルの秩序論の結論は変わりうるだろうが，そうはなっていないのが現状である。これがブルの国際社会論者である所以である。

「世界秩序」概念――グローバル政治理論にとっての鉱脈

むしろ，グローバルな政治理論という観点から，ブルのオーソドックスな国際社会論に意義があるとすれば，彼がわずかに言及した「世界秩序」概念の曖昧さにこそあるというべきだろう。実際，近年のグローバル研究が深まる中で，一見国際政治とは関係のない市民の活動に注目する「国際関係論の日常生活的転回」が起きていることを考えると，ブルが本書を「社会生活における秩序」の議論から始めたことはもっと注目されてよいはずである。彼がわずかに言及した「世界秩序」と，本書の議論の中心に位置する「国際社会」の両概念が，別個のものでありながらも，どのように重なり合っているのかを掘り下げる作業こそが，グローバル政治理論発展の鉱脈であり，英国学派が小さな世界（業界）を縮小再生産するのを止め，新しい地平を切り開く突破口になるだろう。スタンリー・ホフマン（Stanley Hoffmann）の序文の言葉を借りれば，ブルの魅力は「一方で，国家間の相互作用と，他方で，国家の性質や国家自身の制度との間の関係に，われわれの関心を惹きつけている点」（傍点筆者）

にある。ホフマンがその直後に支配的思考やイデオロギー・文化によって，国際社会の外延が決まることを指摘するとき，彼はブルから紛れもなく世界秩序論を引き出そうとしている。

この点で注意すべきなのは，本書でブルが「世界秩序」と「世界社会」という概念を，若干異なる意味合いで使用している点である。ブルは「世界社会」を「世界共同体」という概念と並列して，世界政府の可能性とその困難さを論じる際に使用しているのに対して，「世界秩序」という概念は「人類全体の間での社会生活における主要な基本的目標を支えるような人間活動の様式ないし傾向」のことを指しており，「なにかいっそう根本的で原初的なもの」を指すのに使用されている。つまり，ブルの「世界秩序」は行間や曖昧さを多分に含んだ概念なのであり，人々の日々の社会生活を出発点にしている。それゆえ，世界秩序という概念が国際社会論で論じきれないものを隅に追いやる便利なツールであるとして批判されてきたことは周知のとおりである。しかしながら，そうした批判は代替となる本格的な世界秩序論を展開できていない限り，ほとんど意味をなさない。実際，ブルの世界秩序論への注目は「正義」との関係でのみ論じられ，その掘り下げはほとんどされてこなかった。近年ハレル（Andrew Hurrel）やリンクレーター＆スガナミ（Andrew Linklater & Hidemi Suganami），ウィーラー（Nicholas J. Wheeler），そしてブザン（Barry Buzan）らによって，いっそうの国際社会論の理論的展開がみてとれるものの，ブルの 1977 年での議論では存在していた社会生活と国際面の両方を射程にいれた秩序論は姿を潜め，むしろ正義や介入をテーマにしたものが英国学派の議論の中心を占めることが多い。言い換えれば，秩序論ぬきの社会学的展開へとシフトしてきたというのが現状といえる。しかし，本書に見られるブルの秩序論ありきの国際社会論という方向性を発展させたいのであれば，経済や統治のダイナミズムをも射程に入れた秩序論そのものが展開されるべきであり，今後はその発展を期待したい。

ヘドリー・ブル（Hedley Bull, 1932-1985）

オーストラリア出身の国際政治学者で，元オックスフォード大学モンタギュー・バートン講座国際関係論教授。シドニー大学卒業後，オックスフォード大学で学ぶ。ロンドン・スクール・オブ・エコノミクス（LSE）講師・准教授，オーストラリア国立大学教授を歴任。1977 年に再渡英し，オックスフォード大学で教鞭を執るも，1985 年に急逝。1959 年に，ロックフェラー財団の後援で組織された「国際政治理論に関する英国委員会」が，のちに「英国学派」と呼ばれる潮流を形成したと言われているが，ブルはその中で中心的な枠割を果たしてきた。

参考・関連文献

マーティン・ワイト『国際理論　三つの伝統』（佐藤誠ほか訳，日本経済評論社，2007 年）英国学派の父祖とされるワイトの代表作。ブルはワイトの弟子で多大な影響を受けている。

ジェームズ・メイヨール『世界政治　進歩と限界』（田所昌幸訳，勁草書房，2009 年）ケンブリッジ大学教授であるメイヨールが，英国学派でいうところの多元主義的な立場から 1990 年代の世界政治のエッセンスをコンパクトにまとめた良書。

イアン・クラーク，アイヴァー・B・ノイマン編『国際関係思想史　論争の座標軸』（押村高，飯島昇藏訳，新評論，2003 年）ブルによる著作は，膨大な国際関係思想の知識に裏付けられたものとなっているが，その背景となっているホッブス，グロティウス，ビトリア，ヴァッテルなどの思想について学ぶことができる。

（前田　幸男）

リチャード・フォーク

『顕れてきた地球村の法』

***Law in an Emerging Global Village: A Post-Westphalian Perspective*, 1998**

川崎孝子監訳，東信堂，2008 年

——人道的統治のための法，国連，市民社会——

ウェストファリア体制の動揺

本書は，アメリカのリベラル派の論客として名高いリチャード・フォークによって編纂されたInnovation in International Law シリーズの第4巻として公刊された。本書の目的は，動揺するウェストファリア体制の現状を批判的に分析したうえで，法，国連，市民社会が向かうべきグローバルな人道的ガヴァナンス（humane governance）の在り方を示すことである。第1部では，グローバリゼーションによって変化を余儀なくされている冷戦後の主権国家システムにおいて，人間の生命・尊厳・福利を第一目的とする人間中心的立場（人道主義）を中心に据えた国際法体系を構築することの重要性を論じる。第2部では，具体的争点として，人道的介入，地球環境問題，海洋における安全保障の問題，核兵器の合法性に関する国際司法裁判所（ICJ）勧告を取り上げ，人道性と市民社会の観点から現行体制の問題点と改革の方向性を論じる。第3部では，総括として，トランスナショナルな市民社会に媒介された人道的グローバル・ガヴァナンスの必要性を主張している。

著者の分析によれば，国家主権と不介入原則を基軸とするウェストファリア体制は，人道的介入の趨勢，新自由主義経済の世界的伸長，地球環境問題，テロリズムや越境犯罪等によって揺さぶりをかけられており，「上からのグローバル化」と「下からのグローバル化」のダイナミズムが，国家の役割を変化させている。上からのグローバル化とは，新自由主義勢力の影響によって，国家の統治能力が損なわれる現象である。国家は市場の悪影響から国民を守れなくなるとともに，グローバル公共財への拠出を縮小することによって，グローバルな格差や環境悪化を増大させる結果となっている。他方で，下からのグローバル化とは，国家や市場勢力に対するトランスナショナルな市民社会による対抗力学であり，国家中心主義を是正し，グローバル公共財の供給を補うことで，人道的なグローバル・ガヴァナンスを促進する働きをしている。人権と民主主義の規範をトランスナショナルな行動によって実現しようとする下からのグローバル化が，上からのグローバル化にどれだけ有効に対抗できるかが，人道的グローバル・ガヴァナンスの度合を左右すると論じるのである。

権力政治を越えて――人道の法，国連，市民社会

このような変化を受けて，国際社会はどのような方向に進めばよいのだろう？　この問いへの答えとして，新たな世界秩序の規範的枠組みとして著者が提示するのが，人道的価値観に基づいた法による，地政学的権力政治の超克である。主権国家を主体とした，国家のための現代国際法をベースとしながらも，人々によって作られる，人間のための「人道法」（the law of humanity）の要素をより多く取り入れた法体系を確立することが，その要となる。

ここで「人道法」の番人としての機能を期待されるのが国際連合である。しかし，著者の分析によれば，これまで国連とりわけ安全保障理事会は，大国の権力の道具として使われてきた。このことは武力を伴う介入の事例に顕著であり，安保理は結局のところ大国の方針にお墨付きを与える存在でしかなかった。このような現状を真に人道主義的に変革するために，著者は，不介入原則の柔軟かつ公平な運用，国連による武力行使の要件の厳格化と安保理によるコントロール体制を提唱する。

とはいえ，国連は自前の軍と財源を欠くという制約をもつため，国際法の人道的側面を強化・促進するには，トランスナショナルな市民社会の関与が決定的に重要であると，著者は主張する。人道的ガヴァナンスを追求する個人や集団は，現代国際法体系に潜在していた人道的規範に光を当て，具体化させる役目を果たしてきた。それらの規範は，世界人権宣言，核不拡散条約，ニュルンベルク原則，国連憲章前文等に織り込まれていたものだが，市民社会は，国連総会，ICJ，国際法委員会，各種世界会議や条約交渉会議への働きかけや，常設人民裁判所や国際刑事裁判所の設立を通じて，人道的規範の適用と創造に必須の役割を果たしてきた。

また，地政学的または国内的配慮から国家や国際機関が適切な人道的介入を行えない局面では，トランスナショナルな民生支援を通じた和解の促進が，人道被害の抑制に効果的である場合が多い。このような洞察に基づき，著者は，国連が人道の擁護者として機能するためには，市民社会との協働が不可欠だと主張するのである。

以上のように，脱権力政治による人道的規範の確立という著者の道義的姿勢は一貫しているが，過度に理想主義に傾斜しているわけではない。例えば，人間主体性を強調しながらも，世界政治における国家の枢要な役割を否定するのではなく，「国家をしてもっと人民の方を向くように仕向ける」とする議論はきわめて現実的である。

また，市民社会の働きかけによって実現した「核兵器の威嚇あるいは使用の合法性に関する ICJ 勧告」（1996 年）を妥当とする評価にも，著者のバランス感覚があらわれている。この判決における多数意見は，核武装による自衛規範と核廃絶規範とが矛盾を孕みながらも混在する国際社会の状況を率直に認めたため，核廃絶派にも容認派にも不満足な内容となった。しかし著者は，核の違法性についての国際合意ができていない現状を反映している点において，勧告は現実的であったと肯定的に評価するのである。さらに，この判決の政治的効果を，政策的影響よりは，将来的な核廃絶の方向性を明示したことによる反核運動の鼓舞と，世論の意識向上効果にあるとみる評価もまた妥当であるといえよう。

しかし，個別事例の解釈においては，人道主義的立場が行き過ぎていると思われる部分があったことも否めない。例えば，主として第 3・4 章でなされている湾岸戦争の評価において，クルド人等の抑圧された人々の救済のためにフセイン政権打倒にまで進むべきだったとも読める議論を行っているが，人道的介入の方法と予想される効果・帰結，他の政策目標との兼ね合い，介入を正当化する手続きについての考察が十分になされたのか判然としない。イラクのような民族的・政治的多様性の高い国家で政権を打倒することは，更なる混乱による人道的状況の悪化をもたらす危険性があるため，戦後処理方法を予め慎重に吟味する必要がある。また，侵略行為への制裁として行われた戦争が，なし崩し的に人道的救済へと名目を変更してしまうことは，それまでの法的正当化を覆すことになりかねない。戦争目的を変更するための決議を形式的に採択したとしても，人道的介入の目的，手段，効果をめぐる複雑な論点を短期間で議論し尽くすことは難しく，将来に禍根を残す危険性がある。

また，トランスナショナルな市民社会の役割を重視するといっても，そこで主に念頭に置かれているのは，法的論議に実質的に関与できる専門家であり，彼らは市民社会のごく一部でしかない。新自由主義に反対するオルタ・グローバリゼーション運動には，専門家と対立する民衆運動も多数含まれ，専門家による活動は社会運動ではないと主張する活動家もいる。また，地球環境の分野では，温暖化物質排出規制に反対するなど自由な経済活動を擁護する立場の社会運動もある。さらには，国境を越えたテロリズムは，トランスナショナルな社会運動の一形態である場合もある。このような市民社会の多元性をどう理解するのか。規範や立場の対立や競合をどう調整するのか。そこにおいて国連はどういう役目を果たすのか。このような考察を経ずに，法秩序の創造に果たす市民社会の役割に期待したとしても，理想主義との批判は免れないであろう。

国際法学と国際政治学の棲み分けを越えて

以上のような制約があるとしても，現行の主権国家システムへのシニシズムに陥ることなく，可能性を慎重に見極めようとしたことと，国際法体系の改革における市民社会の役割を積極的に評価したことは，本書の貴重な貢献である。原著は十年以上前に出版されたものの，新自由主義の挑戦によってウェストファリア体制の限界が明らかになっている現実と，それに適切に対応できるような規範枠組みが確立されていない状況に変わりはなく，今日においてもその意義は損なわれていない。

ただ，日本語版に意味の取りにくい箇所や不正確と思しき箇所が散見されたのがやや残念である。例えば，第2章のキーワードである the law of humanity を「人道法」と訳すのは，国際人道法（international humanitarian law）と混同する危険があるばかりでなく，「国家間法（interstate law）」との対比としての人間主体性・人間中心性を必ずしも明確に表現できないのではなかろうか。この点，訳語について注記が欲しかった。

本書は国際法学の立場から執筆されているが，その考察は権力政治と人道的規範の相克という国際政治の実態分析を踏まえ，さらには秩序形成における非国家主体の役割についても論じており，国際政治学上の貢献も大きい。その意味で，国際法学と国際政治学の棲み分けを超克した世界秩序構想へと読者を誘う，知的挑戦にあふれている。本書の挑戦を読者たる我々がどれだけ真摯に受け止められるかが，よりよい世界秩序構想の試金石になるのではないだろうか。

リチャード・A・フォーク（Richard A. Falk, 1930- ）

アメリカの国際法学者，活動家。プリンストン大学名誉教授。主な著作に，『人道的ガヴァナンス』『戦争のコスト』『世界秩序の衰退』『略奪的グローバリゼーション』など。

参考・関連文献

阿部浩己，藤本俊明，今井直『テキストブック国際人権法　第3版』（日本評論社，2009年）国際人権保障制度の全体像を，国家と国連のみならず，地域システムや人権 NGO にも広げて概説する。

最上敏樹『人道的介入　正義の武力行使はあるか』（岩波書店，2001年）コソヴォ，スレブレニッツァ，ソマリア，ルワンダ等の事例を検討しながら，人道の意味を問い直し，介入における国際機構や市民社会の役割を考える。

大沼保昭編『国際社会における法と力』（日本評論社，2008年）国際社会における現実的諸問題を，権力政治と法規範秩序との緊張関係として捉え，理論的に考察する。

メアリー・カルドー『グローバル市民社会論　戦争へのひとつの回答』（山本武彦ほか訳，法政大学出版局，2007年）冷戦後のグローバリゼーションの潮流を踏まえて市民社会の概念を検討しながら，グローバル市民社会が地域紛争やテロ等の暴力をいかに食い止められるかを論じる。

功刀達朗，毛利勝彦『国際NGOが世界を変える　地球市民社会の黎明』（東信堂，2006年）開発援助，人権，女性，人道支援，貧困，環境等の多様な領域の事例とともに，NGOの類型や機能，実態について検証する。

（西谷　真規子）

アイザイア・バーリン

『自由論』

Four Essays on Liberty, **1969**

小川晃一ほか訳，みすず書房，1971 年

——価値多元論に立ったリベラリズムの模索——

二つの自由概念

政治学を少しでも学んだ者であれば，積極的自由と消極的自由という言葉は，一度は耳にしたことがあるだろう。積極的自由と消極的自由の対比という「二つの自由概念」は，ラトヴィア生まれのアイザイア・バーリンが 1958 年，オクスフォード大学のチチリ教授職就任講義において提示したものである。1958 年と言えば，米ソ冷戦のまっただ中，アメリカではアイゼンハワー大統領が，ソ連ではフルシチョフ書記長が，それぞれ政治的指揮をとっていた時期である。翌年の 1959 年には，キューバ革命，さらに，その翌々年の 1962 年には，キューバ危機と続くことになる。（全くの偶然ではあるが，キューバの地上にソ連のミサイルが発見された時に，ワシントンで開かれた晩餐会でバーリンはケネディ大統領と会話する機会を持ち，大統領からロシア人の行動パターンなどについて熱心に質問されたという。）また前年の 1957 年にはガーナの独立があり，その後の 1960 年を頂点に，アフリカ諸国が次々に独立する，いわゆる脱植民地化の波が襲うことになる。こうした冷戦そして脱植民地化といった時代的文脈抜きに，この積極的自由と消極的自由の対比は理解できな

いであろう。つまり，「二つの自由概念」で展開される議論は，ソ連に併合されてしまったラトヴィアに生まれたバーリンにとって，ソ連を代表とする社会主義体制が実現しようとしている「自由」，その試みがもたらす逆説的な圧制を，どう理解したら良いかといったといった問題関心から派生していると言って間違いないであろう。そして，それと同時に，そこには，植民地支配から脱しようとする民族解放運動の求める「自由」というものも相対化しながら見ようとする姿勢が見て取れる。

バーリンによれば，消極的自由とは，「主体（一個人あるいは個人の集団）が，いかなる他人からの干渉も受けずに，自分のしたいことをし，自分のありたいものである状態」であり，干渉を防ぐという「消極的な」自由であるのに対して，積極的自由とは，「主体が，あれよりもこれをすること，あれよりもこれであることを決定できる状態」であり，自分が自分自身の完全な主人であることを目指す「積極的な」自由である。もっと簡潔に言えば，前者は，「どれくらい私は支配されているか」，ないしは「どんな範囲にわたって私は主人であるか」という問題であるのに対して，後者は，「誰によって私は支配されているか」，ないしは「誰が主人であるか」という問題である。自由という概念に含まれる相矛盾する二つの要素を腑分けするという，この手法は，バーリン風の分析哲学的アプローチによるものであるが，もちろん彼自身が認めているように，両者は明確に分けることはできない。問題とされているのは，自由という概念に含まれる「二つの異なる自由」の間での価値的衝突であり，そのいずれが優勢になるかは時代状況によって変わるということである。

つまり，国家による統制と干渉が過度になった時には，消極的自由の概念が優勢になり，市場経済が野放図になった時には，積極的自由の概念が優勢になる。特に，後者の場合，積極的自由というレトリックは，より広い自由という名目で，新たな専制政治の隠れ蓑としての役割を果たすことになるというのが，バーリンの指摘である。彼自身が指摘しているように，ある体制の欠陥によって苦しんでいる人々は，他の体制の短所を忘れがちである。社会主義体制の欠陥によって喘いでいた人々は，より多くの消極的自由を求めたが，結果として，ネオリベラリズムという，消極的自由の過度なレトリックが，新たな問題を惹起することになった。このように現代政治は，消極的自由を求める動きと積極的自由を求める動きとの間を往還していると言ってよいだろうが，振り返ってみて，バーリンの次の言葉は未だに重い響きをもっている。「現前の大きな害悪に抵抗する場合に，ある一つの原理が完全に勝利を収めることのはらむ危険を忘れぬがよい」。バーリンを反共主義的リベラリズムの思想家と単純化して理解する人もいるが，彼は，レッセ・フェール（自由放任）の行き過ぎにも警告を与えていたことは，留意をしておいた方がよいであろう。もし個人が貧しく，みじめで，教育が不十分であったら，その人は自由とは言えないということは，バーリンも認めている。積極的自由も重要な意義をもってはいるが，それを求める動き，例えば，平等などの社会的正義を実現するための動きが自由を圧殺するといった倒錯は認めることができないというのが，彼の主張である。

このように，消極的自由と積極的自由との間の往還運動を描きながらも，バーリン自身は，消極的自由の追求は，積極的な自己支配の理想追求よりも，より真実で，より人間味のある理想であるとして，事実上，前者に軍配をあげている。彼の言葉によれば，「より真実であるというのは，それが，人間の目標は多数であり，そのすべてが同一単位で測りうるものでなく，相互にたえず競いあっているという事実を認めているからである」。ここには，価値の多元的共存を前提にしたリベラリズムに対する信念がこめられている。バーリンにとって，政治とは，価値的対立の不可避性から派生するものであって，解放（抑えられている本質の実現）を目指しながら，事実上，諸価値の位階的秩序を作り上げていくことを拒否するものである。対立する価値が共存できる形で全員の消極的自由を確保することこそが自由の条件であり，そこにおける自由は，政治的共同体の構成員として政治に参画することを基礎にした自由，つまり共和主義的な自由とも一線を画することになる。共和主義的自由は政治的共同体の公共善と深く結びついているのに対して，バーリンの擁護する消極的自由が守ろうとする究極的な価値は明らかではない。そこで少なくとも明らかにされていることは，共通尺度のないものの間の対立は合理的に解決不可能であり，そうした対立は人間社会の消去しがたい恒久的特徴であるということであり，そうした価値の多元的状況の中で守ることができる自由とは消極的自由であるということである。ジョン・グレイは，こうした価値多元論を前提にしたリベラリズムを，アゴニスティック（闘技的）な自由主義と呼ぶが，彼のこうした世界観は，ロシア的なもの，イギリス的なもの，ユダヤ的なものといった，バーリン自身が内に抱えている価値多元性から派生しているものとも見ることができよう。

自由意志と構造的決定論――歴史観をめぐって

バーリンの価値多元論を前提にしたリベラリズムは，彼の歴史観にも投影されることになる。「歴史の必然性」などで提示された，決定論を厳しく批判し自由意志の役割を強調する歴史観は，E・H・カーなどとの間で，論争に発展することになった。バーリンの観点からすると，消極的自由を圧殺しようとする積極的自由の過剰な動きが容認できないのと同様に，個人の自由意志を呑み込んでしまう歴史的構造決定論も容認できるものではなかった。彼のリベラリズム的視座からは，マルクス主義的な歴史観（史的唯物論的歴史観）は社会経済的因果関係だけを強調することで，個人の思想，信念，意図を無視しているように見えたのであろう。彼の言い方を借りると，個人的責任という観念を排除する歴史的・社会的決定論は，われわれの責任を放棄したいという願望から，つまり，ある大きな非道徳的・非個人的・一枚岩的全体の中へ逃げ込みたいという欲求から生まれているという。

決定論的歴史哲学が自由意志の役割を排除していることをバーリンが指摘しているのに対して，カーは，歴史を「偶然の連鎖」とする偶然史観，ないしは歴史は政治的指導者によって決定されるとする「悪王ジョン学説（または善女王エリザベス学説）」への逆行であると批判を加えている。ただ，カーは，全ての人間の行動は，自由でもあり，あらかじめ決定されているものでもあり，どういう見地から見るかは，その時代状況などによって異なってくるといった注釈を加えている。このカーの指摘が適切なものであるとすれば，彼らの時代が決定論的歴史哲学の優勢な時代だったからこそ，過度に決定論へと傾斜することで自由意志の役割を軽視し，結果として諸個人の責任を放棄することの危険性を，バーリンは指摘したのであると理解することもできる。つまり，過度な積極的自由を推し進める圧制に対して消極的自由の空間を守ることを唱えたのと同様に，過度な決定論に対して，バーリンは，自由意志の役割，そして諸個人の責任の在処という問題を強調したということである。

この構造的決定と自由意志の問題もまた，冷戦が終わって約二十年経って，全く別の様相を見せているように見える。つまり，冷戦終焉とともに，ネオリベラリズムが席巻するとともに，自己責任という問題設定が支配的になり，逆に，決定論的歴史観は完全に影を潜めてしまった。同様に，積極的自由が後景に退くとともに，規制緩和に基づく過度な消極的自由が，新たな不自由を引き起こすという事態を引き起こしている。やはり，消極的自由か積極的自由か，また，決定論か自由意志か，といった二者択一が問題なのではなく，重要なことは，時代状況に応じた形でのバランスの取り方なのかもしれない。

また，バーリンが指摘したように，自由にもさまざまな価値が含まれており，そうした価値間の衝突が不可避であるとすれば，自由のためのメタ条件，つまり価値多元主義の保証は必要となる。リベラリズムと価値多元主義を繋ぐもののは寛容であろうが，その寛容もまた，際どいバランスの上に成り立っている。相手を反リベラルと規定した時，寛容は一気にゼロ・トレランスの状態に反転し価値多元主義の基盤が吹っ飛ぶことは，冷戦後に現われた「文明の衝突」的レトリックに彩られた価値間の衝突によって示されているといってよいだろう。そうした時代においても，なお価値多元主義を前提にしたリベラリズムは可能なのだろうか。

アイザイア・バーリン（Isaiah Berlin, 1909-1997）

リガ（ラトヴィア）生まれ。オックスフォード大学で教鞭を執ったユダヤ系政治哲学者。主な著作に，『カール・マルクス』『はりねずみと狐』『ロマン主義の起源（ロマン主義講義）』『父と子』『ヴィーコとヘルダー』

『ある思想家の回想』など。邦訳としては，ほかに，『バーリン選集』（全4巻，福田歓一，河合秀和編，岩波書店）がある。

参考・関連文献

マイケル・イグナティエフ『アイザイア・バーリン』（石塚雅彦，藤田雄二訳，みすず書房，2004年）同じくロシアに出自をもつカナダの著名なリベラル派知識人・政治家イグナティエフによる，バーリンのリベラリズムに対するオマージュ的な伝記。「二つの自由概念」をめぐる詳細については，特に第15章を参照。

ジョン・グレイ『バーリンの政治哲学』（河合秀和訳，岩波書店，2009年）バーリンの価値多元論とリベラリズムの関係，また，彼の思想における啓蒙主義と反啓蒙主義（ロマン主義）との複雑な関係についてに焦点を当てた解説入門書。

E・H・カー『歴史とは何か』（清水幾太郎訳，岩波新書，1962年）「決定論と自由意志」の問題などをめぐって，バーリンとの論争を展開していて，両者の思想的立場の違いを理解する上でも参考になる。

濱真一郎『バーリンの自由論　多元論的リベラリズムの系譜』（勁草書房，2008年）バーリンのリベラリズムと価値多元論の関係をわかりやすく丁寧に解説しており，バーリンのリベラリズムに影響を受けた研究者，特にジョン・グレイやマイケル・イグナティエフなどについての論文も収められており，バーリンをとりまくリベラリズムの思想状況を知るには最適。

齋藤純一『思考のフロンティア　自由』（岩波書店，2005年）バーリンの消極的自由に対する批判の網羅的な整理から始めて，アレントやフーコーなどの自由論までも視野に入れながら，人間の〈間〉という視点から自由を見つめ直す意欲的な試み。

（土佐　弘之）

フリードリヒ・ハイエク

『自由の条件』

The Constitution of Liberty, 1960

気賀健三，古賀勝次郎訳，春秋社，1986 年

――オリベラリズムの政策概念を波及させた震源――

ネオリベラリズムの旗手

1945 年，ウィンストン・チャーチル首相は，ハイエクの著作『隷属への道』を読み，「社会主義体制は政治警察なしには成り立たない」ことを確信し，彼の議論を援用しながら，基幹産業の国有化などを推し進めようとする労働党に対して，やがてゲシュタポのような政治警察をもたらすことになると痛烈な批判キャンペーンを行った。しかし，チャーチル率いる保守党は労働党に対して選挙で大敗，アトリーが率いる労働党政権は，基幹産業の国有化そして「ゆりかごから墓場まで」と呼ばれる社会保障制度の確立をはかっていった。そして，それから 30 年後の 1975 年，イギリス保守党の研究会で家族政策について議論をしている際，マーガレット・サッチャーは，自分のハンドバックから取り出したハイエクの著作『自由の条件』を机の上に叩きつけながら，「これが，私たちの信じるところだ」と述べたという。それから 4 年後の 1979 年，政権を獲得したサッチャーは，その信念に沿って労組の解体とともに，各種国営企業の民営化を強力に推し進めることになる。しかし，医療制度の

破綻，公共サービスの低下などの問題が深刻化し，その後，第三の道を唱え登場したブレア労働党政権は，路線の部分的修正をはかることになる。このように，ハイエクの思想の盛衰は，ある意味で，ケインズ主義の台頭・危機からネオリベラリズムの台頭・危機へといった時代のうねりと連動していた。連動したというよりは，むしろ，ハイエクの思想は，マルクスやケインズの思想的影響を押し戻す上で大きな役割を果たし，特に1970年代以降の国際政治経済の再編成過程に大きな影響を与えたと言ってよいだろう。

1974年にノーベル経済学賞を受賞したハイエクは，オーストリアで生まれで，ウィーン大学で学び，ルートヴィヒ・フォン・ミーゼスに私淑したオーストリア学派の代表的経済学者の一人でもあり，社会主義体制では資源の効率的利用が達成できないというミーゼスの社会主義批判が，ハイエクの思想形成に大きな影響を与えることになったことはよく知られている。その後，イギリスのLSE（London School of Economics）を拠点に三十代前後まで貨幣理論などを中心に経済理論研究を進めるが，社会・道徳科学講座の教授としてシカゴ大学に移ってからは，感覚秩序論，自生的秩序論などの総合的な社会理論の構築へと研究を広げていく。その傍らで，1947年，共産主義と計画経済に反対するリベラリストの集まり（今日風に言えばアドボカシー型NGO），モンペルラン協会を結成して以降，同協会などを通じて政界等への影響力行使を続けた。その彼の代表作は何か，ということについては，意見が分かれるだろう。経済理論家としては，『価格と生産』や『資本と純粋理論』などが，自生的秩序についての社会理論家としては，『法と立法と自由』が，一流の反共プロパガンダの著述家としては，『隷属への道』が，それぞれハイエクの代表作として挙げられるであろう。ここでは，グローバル政治に与えた影響力の大きさという点，特に自由という概念をめぐるヘゲモニー抗争に大きな影響力を与えたハイエクの思想という側面に焦点を当てて，彼の『自由の条件』に焦点を当てたい。

理性の濫用——自由の敵としての社会主義，そして福祉国家

『自由の条件』の中で，その愛読者サッチャーの目に特に止まった一節は，たとえば，次のような文ではないだろうか。「二つの保障概念を区別することが重要である。その一つはある限度の保障で，全員にとって達成可能な，いかなる特権ともならないものと，もう一つは絶対的な保障で，それは自由社会において全員にとっては達成不可能なものとである。（中略）後者は福祉国家をあおる第三の主要な野心，すなわち財のいっそう均等な分配もしくは公正な分配を保障するために政府の権力を用いたいという願望と密接に関連している。これによって特定の人びとが特定のものを得ることを保障するために政府の強制力をもちいるべきであることを意味するかぎり，それは異なった人びとにたいするある種の差別と不平等な扱いとを必要とするもので，自由社会とは両立しない」。ある種の福祉国家は自由にとっての敵であるという，こうしたハイエクの主張は，ネオリベラル改革を目指す者にとっての福音であったことは間違いない。

ハイエクは，自由を，単に「強制がないこと」と定義し，その強制についても，「他人の目的のために他人の意志に奉仕させられる場合に生じる」と簡潔に説明している通り，ハイエクの言う自由は，バーリンの言う消極的自由に似ている。しかも，自由や繁栄を追い求める福祉国家や社会主義は自由を抑圧する全体主義（隷従のシステム）へと導くことになるというハイエクの主張は，積極的自由の

追求が消極的自由をも損なう場合があるというバーリンの議論とも重なるところがある。ハイエクの議論の中で特にオリジナルな主張は，より良い福祉を追求するために計画経済に走ることが結果として自由を抑圧するシステムをもたらすというところにある。それは，「人間の無知」という現実から目を背けた理性の思い上がり，また，それに基づく設計主義的合理主義（constructivist rationalism）という重大な誤りに派生するものだという。

ハイエクによれば，完全な知識と理性といった誤った想定がそもそも深刻な問題を引き起こすのであり，「文明を構想しその創造に着手することのできる知性を前もって与えられている，とする人間の概念はすべて根本的に誤っている」という。まずソクラテスの格言に従って，おのれの無知を認めることが叡智のはじまりであると述べた上で，「無知の承認の上に立つ自由擁護論」をハイエクは提唱する。つまり，完全な知識をもつこともできず理性にも限界があり予見能力も限られている以上，人間は，万能観に溢れた社会設計を断念して，市場などの自由な制度に自らを委ねるのが最善であり，そのためにも，自由を守る必要があるというのである。このように，ハイエクは，自由それ自体を，他の価値より上位の至上の価値として位置づけつつも，同時に，自由を，より良き社会を実現するための手段という位置づけかたをしている。ハイエクの進化論的な自生的秩序論という，全体の理論的文脈の中では，ハイエクの自由論は，自由を手段として擁護する議論，つまり帰結主義的な自由擁護論の側面をもっている。

自生的秩序と進化論（集団的淘汰論）

「自由は自然の状態ではなく，文明の構築物であるけれども，それは設計から生まれたものではなかった。自由が創造したあらゆるものと同様に，自由の制度は人々がその制度ある利益を受けることを予想して制定されたのではなかった」。このハイエクの言葉の通り，彼の理論においては，自由と自生的秩序は不即不離の関係にある。この自由な自生的秩序というイギリス的伝統に対比されるのが，理性の無限な力という過信に基づく設計主義というフランス的伝統であるが，ハイエクによれば，後者は，人間の限られた理性や知識という問題に対する認識不足に加えて，その誤った平等主義（分配的正義）のゆえに，自由の抑圧を始めとする様々な禍（わざわい）を人々にもたらすことになるという。一方で，積み重ねられてきた慣習や伝統の知恵によって，また，市場における価格シグナルを通しての知識の競争的獲得と共有を通じて，自生的秩序は人間の限られた理性・知識を補う形で進化してきたため，結果として，設計主義的なプロジェクトを凌駕することになる。ただし，設計主義のイデオロギーが，人間の自尊心や向上心，また富裕層に対する妬みをベースにした平等主義に訴えることで，人々の心を広く捉えてきたのに対して，自由な自生的秩序を擁護する思想は人々の心に訴える力が欠けていたというのが，ハイエクの評価である。ある意味で，ハイエクの仕事の真骨頂は，まさに，その欠けていたイデオロギー，つまり自生的な秩序を擁護するリベラリズムという思想を体系的に組み立てなおそうとしたところにあったと言ってよいだろう。

確かに社会主義の思想が全盛であった時期において，つまり「自由主義の時代から社会主義の時代へ」といった進歩史観が支配的であった時に，社会主義を批判する対抗イデオロギーを打ち出すということは，かなり骨の折れることであっただろうが，ハイエクは，見事にそれを成し遂げたと言えるであろう。そして，先述したようにサッチャーなど，彼の考え方に同調する有力な政治家が出てきたこともあり，その対抗イデオロギーは，ネオリベラリズムという政策概念の形をとり世界中に波及していくことになる。しかし，注意すべきは，ハイエクの言う自由な自生的秩序とは，単なるレッセ・フェール（自由放任）を意味するものではなかったということであろう。それは，自由を守るものとしての「法の支配」という問題がハイエクの理論全体の中で重要な位置を占めていたことにも示されている。

ポスト社会主義の時代における法の支配と（不）自由

ハイエクは，法の支配と自由とは密接不可分の関係にあると言うが，その場合の法とは自由の法（ノモス）であり，組織の法（テシス）と区別される。テシスが，ある目的・企画に従って物や人間の配置について中央から指示・命令するルールであるのに対して，ノモスは，意図的に働きかけることをしなくても自己生成的に立ち現れるルールで，各個人のレヴェルで処理されるものである。テシスは公法的性格が強いのに対して，ノモスは私法的性格が強いと言えば，わかりやすいかもしれないが，設計主義的イデオロギーが支配的になると，テシスがノモスを浸食していくことになり，結果として，自由も脅かされるということになる。ゆえに，自由を守るためには，それと不可分の関係にある「ノモス（法）の支配」を守ることが重要となる，というのがハイエクの主張である。

しかし，こうしたハイエクの議論に対しては，私法もやはり国家の統制行為の延長にあるように，ノモスとテシスを完全に区別することは現実には難しい。人間本性が必ずしも自生的秩序（例えば市場秩序）に適合的とは言い切れない場合，自生的秩序の形成を促すために国家権力による働きかけが必要となろう。実際，ネオリベラリズム的政策を推し進めるために，国家の介入が逆に強まるという逆説的な現象が起きている。また，その「自生的」秩序を維持しようとして，逆に治安強化という形で権威主義的政治体制を強化し，結果として抑圧するというケースさえ見られるようになっている。ハイエク自身が，当為（なすべきこと）と存在（あること）を分ける自然主義的誤謬を批判しているのと同様に，ノモスとテシスもまた明確に分けることが難しく，ノモスを維持しようと強い意志をもって介入すれば，それはいつの間にかテシスとなるということもあろう。要は，ノモス（法の支配）が維持する秩序は，全ての人に自由を保障するものではないということであり，そうである以上，自生的秩序とされるものを意図的に維持しようとする試みもまた，設計主義的誤謬と同じく，ある種の不自由さを増してしまうことになる。社会的正義（分配的正義）という言葉をハイエクは徹底的に忌み嫌ったが，市場もまた水平的な相互行為だけで成り立っている訳ではないのであるから，連帯や伝統の破壊など，市場が社会にもたらす負の側面も考慮に入れる必要があるだろう。

ジョン・グレイが『ハイエクの自由論（第３版）』のあとがきで痛烈に批判しているように，ハイエクには資本主義についての歴史的理解が欠けていたため，そのリベラリズム再生の試みは結果として失敗に終わったという見方もある。その評価については意見が分かれるであろうが，ポスト社会主義の時代になり，さらにはグローバル金融危機後の現在，ハイエクのリベラリズム論が持つ意味もまた大きく変わりつつあることは確かである。

フリードリヒ・A・ハイエク（Friedrich August von Hayek, 1899-1992）

オーストリア生まれの経済学者・哲学者。主な著作に，『隷属への道』『自由の条件』『法と立法と自由』『感覚秩序』『利潤，利子および投資』『ハイエク，ハイエクを語る』など。

参考・関連文献

ジョン・グレイ『ハイエクの自由論』（照屋佳男，古賀勝次郎訳，行人社，1989年）ハイエク思想の源流をカント的懐疑主義に求めながら，自生的秩序や法の支配についてのハイエクの考え方を政治学者の立場からコンパクトにまとめている。邦訳は原書の第2版（1986）を底本としている。そこでもハイエクに議論における倫理理論の致命的欠落を指摘しているが，第3版（1998）では，さらにハイエク批判を強めている点が，グレイ自身の思想的立場の推移と同時に，ハイエク評価の時代的変化を反映していて興味深い。

山中優『ハイエクの政治思想』（勁草書房，2007年）ハイエクの自由論や自生的秩序論，そして彼自身の思想的立場の推移を，政治思想という角度から分かりやすく整理している。

嶋津格『自生的秩序　F・A・ハイエクの法理論とその基礎』（木鐸社，1985年）『感覚秩序』を鍵となるテクストとしながら『法と立法と自由』で全面展開される自生的秩序論，法の支配論などを，法理論という側面から好意的に紹介している。

森田雅憲『ハイエクの社会理論　自生的秩序論の構想』（日本経済評論社，2009年）これもまた，『感覚秩序』を参照点としながら『法と立法と自由』などを，社会理論の観点から整理，解説している。

（土佐　弘之）

ユルゲン・ハーバーマス

『事実性と妥当性』

Fakitizität und Geltung: Beiträge zur Diskurstheorie des Rechts und des demokratischen Rechtsstaats, **1992**

河上倫逸，耳野健二訳，未来社，2002年

――討議を通じたデモクラシーの可能性を探る――

グローバル化の進む世界がもたらした人類の共通課題を解決する努力の中で国家，国際機関，国際法やレジーム，マスメディア，市民社会組織などはどのような役割を果たしえるのか。この問いに興味がある人にとって，ハーバーマスの『事実性と妥当性』は読んでみる価値がある一冊だろう。

この著作は，ドイツの社会思想家ユルゲン・ハーバーマスの後期の主要著作である。副題が「民主的法治国家の討議理論にかんする研究」であるように，かならずしも国際社会について書かれているわけではない。「世俗化した政治という旗印」のもとで運用される「民主的法治国家の根本的意義について，複合的社会の諸状況にふさわしい新たな解釈を提案」することが目的の同書においては，思考対象は国家であり，しかもヨーロッパ近代の結果生み出されてきた世俗的な民主的法治国家ということになる。だからといって，ヨーロッパにのみ適用可能なものとは言えない。ハーバーマスの議論は，近代社会の作動原理から考察しており，さまざまな場面に応用可能となっているからである。

近代社会の機能分化はコミュニケイション的合理性を生み出す

ハーバーマスの問題意識は，「人は，他者と対等の立場で討議して合意したルールに基づき生きることが望ましいが，近代社会でそれは可能となのか」という点にある。この問いに答えるため，ハーバーマスは近代社会の構築される原理を明らかにし，その中から矛盾や抑圧と戦う潜勢力を明らかにしようと試みている。原理的な考察をまとめたのが1981年の『コミュニケイション的行為の理論』であり，1992年の『事実性と妥当性』はそれを現代社会に応用する試みである。

『コミュニケイション的行為の理論』では，近代を可能とした社会の機能分化が，発話の真実性・規範的妥当性・誠実性を批判的に検証し相互了解を生み出す「コミュニケイション的合理性」を生み出していることを指摘している。ハーバーマスは，まず社会学の枠組を用いて，近代社会の特徴をサブシステムの形成による機能分化という視点から整理する。中でも貨幣を通じて行動を調整する市場経済システムや行政権力という媒体を通じて運用される官僚的組織の発達に注目する。こうしたシステムによる行為調整においては，1人1人の参加者は他者を含めた環境を道具的に見なし，自分の目的達成のための行動をとる（戦略的行為）。媒体を用いて判断を単純化する行為調整のシステムは，大規模で複合的な社会を可能とするが，さまざまな矛盾も引き起こすとハーバーマスは考える。

さいわい社会はシステムだけで構築されるわけではない。私たちが，言語を用い文化的再生産，社会統合，社会化を行う存在であることは変わらない。私たちが言語コミュニケイションを行う時に不可欠な間主観的に共有されている世界観・文化的解釈体系をハーバーマスは「生活世界」とよび，システムと対置する。機能分化が進み，制度と世界観の分離した社会は生活世界の「合理化」をもたらし，批判的に主張の妥当性を検証しながら相互了解を行う行為調整，すなわち「コミュニケイション的行為」を可能とする。コミュニケイション的行為を行う時，人は発言の中で「真実性（客観的に正しい事実であるかどうか）」「規範的妥当性（共有されるべき規範にのっとっているか）」「誠実性（誠実に主張しているか）」を主張し，それらの相互検証を行いながら合意を間主観的に作り出すという「コミュニケイション的合理性」を発揮することになる。

少し具体的に考えて見よう。日本の江戸時代ならば，1人1人の役割は「生まれ」によって決まっていた。身分によって社会的な役割，生計の手段などがあらかじめ決定され，その上下関係を伴う秩序は文化的に正統化されている（世界観と制度の一体化）。こうした社会においては，価値観や，生計の手段，社会秩序の構築などは深く関連しており，それらの妥当性を批判的に検証することは容易ではない。ところが，近代社会ではシステムにより機能分化が進んでいる。だから身分制の妥当性などについても批判的な議論が可能となる土壌が生まれる。

コミュニケイション的合理性に基づく法と，公共圏の役割

1992年の『事実性と妥当性』では，コミュニケイション的行為に基づき生み出される「コミュニケイション的合理性」が潜勢力を発揮する道筋を，法との関係で分析している。なぜ，法が重要なのか。それは，法が官僚制度や市場経済などのシステムをコミュニケイション的行為に結びつける媒介となるからである。確かに，システムの参加者は，合理的利己主義に基づき行動する。市場経済の中では，損か得かで，官僚制度ではルールに適っているかどうかで判

断がされる。しかし，市場の働きと国家権力は，法の諸制度により方向づけられる。ここで法は，両面性を持つものとして理解される。一方で「強制力（事実性）」を伴うシステムであり，個々人が合理的利己主義にのっとり行動するための基準となる。他方，法は「妥当性」も持ち，弱いながらも社会的統合力を発揮できるものでもある。

法の妥当性を生み出すのは，「立法過程」においてコミュニケイション的合理性が発揮される可能性があるからだとハーバーマスは考える。コミュニケイション的合理性は，議会での討議だけではなく，さまざまなコミュニケイション的ネットワークの総体の中で発揮される。この形のないコミュニケイションの場の総体が「公共圏」であり，そこには，マスコミでの議論や市民社会組織の意見表明から議会での討論まで含まれる。存在の基盤自体が公共圏にある市民社会組織は特に重要な意味を持つ。公共圏で行われた議論が，コミュニケイション的権力を生みだし，議会などの公式の決定機関の場に影響を与え，より妥当性の高い立法をもたらすことができれば，自律した法共同体としての社会統合が可能となる。

ハーバーマスはこうして近代社会が暴力を使わずに社会統合を実現するための方程式の構成要素を提示した。システムの分化による社会の機能分化，生活世界の合理化，社会連帯に支えられたコミュニケイション的行為とコミュニケイション的合理性，コミュニケイション的合理性が発揮されうる社会的空間としての公共圏，システムを構築・制御する事実性と妥当性を持つ法などがそれである。

ハーバーマスが繰り返し述べるように，この連立方程式は民主的国家の中でも理想的な形では存在しない「反事実的」な存在である。しかし，社会の「規範的な自己理解」の背景には，この連立方程式があると考える。事実，議会での議論がおざなりであれば批判される。市民社会組織の発言や活動が好意的にメディアで取り上げられることが多いのも，「公共圏」の発言者としての役割が期待されるからと見ることができるだろう。

グローバル社会の政治理論として

ハーバーマスの主張は，抽象的だが実践的でもある。単に観念的に「あるべき像」を主張するのではなく，現実の社会変化の中にある可能性を見いだそうとしているからだ。だからこそ，教育論から討議（熟議）的民主主義の理論までさまざまな分野で参照されている。国際政治論においても活用は可能であろう。

実際に「公共圏」概念や討議（熟議）的民主主義概念を用いている論者にドライゼック（John S. Dryzek）がいる。ドライゼックは，『討議（熟議）的グローバル政治』（Deliberative Global Politics: Discourse and Democracy in a Divided World）において，公共圏，コミュニケイション的行為概念を活用しており，市民社会組織，マスメディア，政府関係者，国際機関関係者などの討議（熟議）が非公式の公共圏として機能し，国家間の交渉に影響を与えている点に注目する。これが国家間の交渉を「戦略的行為」としてだけでは解釈しきれないものとしているという。ただ，ドライゼックの議論は，「公共圏」に期待されるもう一つの機能である相互了解を通じた社会連帯の形成・調達についての視点が弱い。国際的なNGOや国際的なメディアが，実際には一部の国の公共圏に深く根ざしており，必ずしも世界各地で正統性の調達ができているとは限らないことなどが，こうした「公共圏」の意義にどのように影響するのかなど，さらに検討すべき点は残されている。

また，ヘルド（David Held）の主張する「コスモポリタン・デモクラシー」もハーバーマスの議論の影響を受けている。ヘルドは，民主的な世界社会を実現するための制度的な要件を，世界市民としてのアイデンティティを持っている人間にとってはそれなりの説得力をもつ形で示して見せている。しかし，ハーバーマスの方程式に照らすなら，今後の検討課題も見えてくる。それは，こうした制度を可能とする社会的条件（生活世界の合理化，国境を超えた社会的連帯など）が生じる可能性をどこに求めるのかという理論的・実践的な課題である。

グローバル化が進み，国境を超えた社会関係が深まる中，かすかながらグローバル社会の輪郭が見て取れるようになっている。ハーバーマスの社会理論は，これから真価を発揮することになるかもしれない。

ユルゲン・ハーバーマス（Jürgen Habermas, 1929 年- ）

ドイツの社会思想家，哲学者。主な著作に，『公共性の構造変化』『コミュニケイション的行為の理論』『法と正義のディスクルス』『事実性と妥当性』『討議倫理』『他者の受容』など。

参考・関連文献

中岡成文『ハーバーマス　コミュニケーション行為』（講談社，1996 年）ハーバーマスの理論の変遷を解説。『事実性と妥当性』の解説は不十分。

河上倫逸，M・フーブリヒト編『ハーバーマスシンポジウム　法制化とコミュニケイション的行為』（未来社，1987 年）ハーバーマス来日のシンポジウムの記録。

ジェームズ・ゴードン・フィンリースン『ハーバーマス』（岩波書店，2007 年）。『コミュニケイション的行為の理論』や『事実性と妥当性』をわかりやすく解説してある。

川村暁雄『グローバル民主主義の地平　アイデンティティと公共圏のポリティクス』（法律文化社，2005年）ハーバーマスの「公共圏」概念に基づきグローバル社会の特徴の整理を試みたもの。

デヴィッド・ヘルド『デモクラシーと世界秩序　地球市民の政治学』（佐々木寛他訳，NTT出版，2002年）コスモポリタン・デモクラシー論を展開している。

John S. Dryzek, *Deliberative Global Politics: Discourse and Democracy in a Divided World*, Polity, 2002.

（川村　暁雄）

第3部

資本と配分的正義

イマニュエル・ウォーラーステイン

『史的システムとしての資本主義』

Historical Capitalism, **1983**

川北稔訳，岩波書店，1985年（増補版，1995年）

——世界システム論への古典的入門書——

本書は1982年にハワイ大学で行われた講演原稿をもとに書き下ろされた小品であり，世界システム論の基本的な考え方をとりあえず通覧することができるため，ながらく世界システム論の事実上の入門書として読まれてきた。同書の原著初版の刊行が1983年であるのに対して（現在入手可能な邦訳は，文明としての資本主義の評価に関する論考を付録した1995年の増補版である），2004年に『入門・世界システム分析』が刊行されたため，建前としては，世界システム論への今日的入門としての役割はそちらに譲られている。しかし二つの理由から本書は依然として世界システム論を理解するうえで重要な位置を占めている。すなわち第一の理由は，本書がウォーラーステインの未完の主著である『近代世界システム』の（初期の）全体構想を俯瞰するものだからである。第二の理由は，ウォーラーステインによる世界システム論の展開が，概ね1989年を境として前期と後期に分けられ，本書が前期の理論的展開をほぼ網羅しているからである。

資本主義的な世界＝経済の政治的・イデオロギー的ダイナミズムへ

世界システム論の導入は1970年代のことである。その段階での世界システム論の最も基本的な主張は二点に集約される。第一に国際関係の基底的な対立軸は「東西」間のイデオロギー対立ではなく，「南北」間の不均等発展であるということ。第二にこの「南北」間の不均等発展は五世紀におよぶ史的過程において構造化されてきたということである。今日風に言うなら，グローバルな格差の問題への関心とグローバリゼーションをそのような格差を生む長期的な歴史的過程として捉える視角の提示だということになろうが，当時にあって，冷戦体制をアメリカ版とソ連版の二つの異なる「近代化」論が競合するにすぎない体制だとして相対化したインパクトは大きい。

近代世界システムとは，このつごう五世紀におよぶ構造的な不均等発展の過程としての資本主義の時空のことにほかならない。彼が単に「資本主義」ではなく，「近代世界システム」という言葉遣いをするのは，それが始まりと終わりをもつ歴史的実体であるという考えに立っているからである。この立場は本書の原題 Historical Capitalism にも現れているとおりであり，邦題はその意を正しく汲むものである。

実際，世界システム論導入期のウォーラーステインは，この資本主義の始まりと終わりの問題にその関心を集中させていた。すなわち一方でいわゆる「長い16世紀」(15世紀後半から17世紀後半)のヨーロッパにおける垂直的分業の形成に関する研究（これは『近代世界システム』第1巻に結実する），他方で史的システムとしての資本主義の歴史的限界との関連で70年代以降のアメリカの覇権の衰退を論ずる研究（『資本主義的世界経済』(1979年) 所収の論文の大半はこの主題に帰着する）が，彼の研究の両輪であった。

このことは逆に言えば，この始まりと終わりのあいだの近代世界システムの具体的な展開については構想の水準にとどまっていたということでもある。その構想は『近代世界システム』第１巻の冒頭でごく簡単に触れられており，第２巻以降で満たされるはずであったが，それを実行するには『近代世界システム』第１巻で提示された概念的な道具立て――中核／半周辺／周辺構造をもつ資本主義的な世界＝経済のダイナミズム――だけでは十分ではなかった。それは端的に言えば，資本主義的な世界＝経済の政治的およびイデオロギー的なダイナミズムを分析する諸概念の不足であった。本書は，（史的システムとしての）資本主義の起源と限界のあいだに展開する近代世界システムの史的過程を具体的に描くうえで，この不足をどのように補おうとしたかをコンパクトに示すものであり，またそれを踏まえて『近代世界システム』のプロジェクトの全体構想を示すものである。

ヘゲモニー，反システム運動，普遍主義批判

本書は４章から成っており，世界システム論における資本主義の捉え方から入り（第１章），つづいて資本主義によって特徴付けられる近代世界システムにおける政治的ダイナミズム（第２章）とイデオロギー的ダイナミズム（第３章）を解説して，最後に資本主義の歴史的限界を説く（第４章）という構成になっている。先の整理に照らして特に重要なのは第２章および第３章である。第２章では，近代世界システムにおける国家（および国家間システム）の役割が論じられ，ヘゲモニー，反システム運動といった重要な概念の位置づけが説明されている。第３章では，近代世界システムにおける合

理性の問題が取り上げられ，資本主義を自然化する普遍主義的イデオロギーに対する批判が展開されている。

そもそも世界システム論は，もともと従属理論との強いかかわりのなかから出てきた議論である。しかし中核による周辺の収奪を固定的な構造としてのみ捉える従属論の立場には理論的にも実践的にも限界があった。これに対して世界システム論は，半周辺という概念を付加することで，この限界を乗り越えるところに従属論から区別される理論的な前進がある。しばしば誤解されているが，半周辺概念は単にグローバルな格差の階層構造を二層から三層に増やしたものではない。半周辺とは中核／周辺関係の可動性を示す概念である。つまり中核／周辺関係は従属論が想定するような固定的なものではなく，たえず半周辺的な可動性を介して政治的な再生産／再編成されながら持続しているということである。いわば資本主義的な世界システムの政治的ダイナミズムが集約的に表れる場として半周辺概念は構築されたのである。

だが，ある意味では当然ながら，近代世界システムの政治的ダイナミズムをすべて半周辺に押し込めて解釈するのは無理がある。これが先に述べたように『近代世界システム』第2巻以降を書くに当たってウォーラーステインの桎梏となった。ヘゲモニー概念は，この桎梏を解く最初の試みであった。ウォーラーステインはヘゲモニーを「特定の中核国家が，同時に生産・商業・金融という三つの次元のすべてにおいて，他のすべての中核国家全体に対して優位を保っているような状態」と定義している。これによって中核／周辺関係においてだけではなく，中核間関係における政治的なダイナミズムを独占の形成とその自己解体という資本主義的蓄積のダイナミズムと結びつけて分析する道がひらけた。

反システム運動の概念は，史的システムとしての資本主義を総体として対象化する契機を有する社会運動のことである。具体的には，19 世紀以降の民族解放運動，社会民主主義運動，共産主義運動がそれにあたる。また 1960 年代以降の「新しい社会運動」もそこに含まれる。これによって，国家／国家間のレヴェルだけではなく，社会のレヴェルにおける政治的なダイナミズムを分析するツールが世界システム論に加えられた。

この史的システムとしての資本主義を総体として対象化する契機への着眼は，資本主義的な世界=経済のイデオロギー的なダイナミズムへの関心を前景化させることにもなった。その本格的な展開は 90 年代以降を待たねばならないが，本書においてもメリトクラシー（能力主義）などの普遍主義的イデオロギーに対する批判を通じてその萌芽がはすでに提示されている。

後期世界システム論へ

このように本書に要約されている前期ウォーラーステインによる史的システムとしての資本主義の政治的・イデオロギー的ダイナミズムへの分析射程の拡大は一定の成果をあげたが，結果から言うと近代世界システムの史的過程を描くという課題を成就するには至らなかった。そのことは，『近代世界システム』が依然として未完の（というよりは挫折した）プロジェクトであることに端的に表れている。同書は不完全な第 3 巻で筆が止まっており，19 世紀以降の近代世界システムの史的過程についての具体的分析は手付かずである。

実際のところ，1989 年の第 3 巻の刊行後，ウォーラーステインの関心は，史的システムとしての資本主義のイデオロギー的ダイナミズムに軸足が移ったように思われる。反システム運動はもとよりイデオロギーや社会科学などまでを含めて史的システムとしての資本主義を対象化する制度をジオカルチュアと呼び，今日社会学者が再帰的近代と呼ぶ視角を世界システム論に持ち込むようになった。このジオカルチュア概念の導入（1991年刊行の『ポスト・アメリカ』原題Geopolitics and Geoculture）をもって，本書に要約される前期世界システム論から後期世界システム論へウォーラーステイン理論はシフトしたといえよう。

イマニュエル・ウォーラーステイン（Immanuel Wallerstein, 1930- ）

アメリカの歴史社会学者。主な著作に，『近代世界システム』（1～3）『脱＝社会科学』『アフター・リベラリズム』『新しい学』『脱商品化の時代』『ヨーロッパ的普遍主義』など。

参考・関連文献

川北稔編『知の教科書　ウォーラーステイン』（講談社選書メチエ，2001年）日本語で読める事実上唯一の入門書

ジョヴァンニ・アリギ『長い20世紀』（土佐弘之監訳，作品社，2008年）前期世界システム論をウォーラーステインとともにリードした論者の代表作。ヘゲモニー概念を金融権力の観点から再構成することで，世界システム論をより長期的な市場社会の展開の歴史のなかに再定位しようとしている。

アンドレ・グンダー・フランク『リオリエント』（山下範久訳，藤原書店，2000年）かつて従属論をリードし，前期世界システム論とも近い立場にあった論者が，近代世界システム概念に内在するヨーロッパ中心主義を徹底的に批判した作品。

（山下　範久）

カール・ポランニー

『大転換　市場社会の形成と崩壊』

***The Grate Transformation: The Political and Economic Origins of Our Time*, 1944**

野口建彦，栖原学訳，東洋経済新報社，2009年

——反グローバリズムの古典——

グローバリゼーションは，端的にはヒト，モノ，カネ，そして情報の流動化である。グローバリズムは，資源配分を効率化する社会的制度として広く市場の有効性を信奉する立場から，この流動化を促進すべしとする立場である（ここでは「流動化」は，市場化ないしは市場化のための規制緩和としばしば同義である）。これに対して，そのような流動化がもたらす弊害や限界を強調する立場が反グローバリズムである。その主張の本質上，多くの反グローバリズム的議論は市場の外部に注目する。『大転換』に代表されるポランニーの業績は，市場とその外部との関係に関する議論の包括的な出発点を与えてくれる。この意味で，今日の国際政治理論（およびひろく社会科学）における『大転換』への関心は，同書を反グローバリズムの古典とするものである。

実在主義と形式主義

人間は，真空中に単独で存在して生きているのではない。人間の生は，一方で他の人間との社会的な関係に埋め込まれ，他方で自然

との関係にも埋め込まれている。ポランニーの経済観の前提にあるのは，このような一方で社会的関係，他方で自然との関係に埋め込まれた人間の生の物質的基盤の全体を経済だと捉える考え方である。彼は，このことを形式的意味の経済と実在的意味の経済という対比として提示した。

形式的意味の経済とは，選択に関する法則に支配された経済である。選択の背後には稀少性がある。つまり言い換えれば形式的意味の経済とは稀少性の公準に準拠する世界である。稀少性は近代における経済学の出発点であり，その意味では，形式的意味の経済とは，市場のモデルによって理解できる経済にほかならないとも言える。

これに対して，実在的意味の経済とは，「人と環境との間の制度化された相互作用の過程」をさす。そしてポランニーはこの相互作用には少なくとも三つの異なる様式，すなわち互酬，再分配，交換の三つがあると論ずる。互酬の典型は共同体における贈与の連鎖である。再分配の典型は国家による課税と給付である。交換の典型は市場における取引である。

重要なのは，形式的意味の経済において経済とは市場であるのに対して，実在的意味の経済において市場が占めるのは先の三つの様式のうちの交換の部分，したがって全体としての経済からみればその一部でしかないということである。形式的意味の経済から経済を見る立場に立てば，およそ経済に関するかぎり市場のモデルは時空を越えて普遍的な妥当性を有することになる。他方，実在的意味の経済から経済を見る立場に立てば，経済が市場メカニズムに支配されているような社会は，むしろ例外的であり，歴史的に特殊なもの（端的に言えば後で述べる19世紀の「平和の百年」に固有のもの）だということになる。言うまでもなく，ポランニーはこの後者の立場に立っている。

市場の社会への埋め込み

ポランニーは，この実在的意味の経済の立場（実在主義）に立ち，市場経済が歴史的にいかに特殊な社会であり，またその限界がどこにあるのかを論じようした。

念のため確認すれば，ポランニーは市場の存在自体を近代に固有だと主張しているのではない。市場（あるいは交換の様式による「制度化された人と環境の相互作用」）自体は人類史の時空のほとんどどこにでも存在する。ポランニーが問題にしているのは，交換とその他の様式（互酬と再分配）の関係，言い換えれば市場と市場以外の諸制度とのあいだの関係である。

われわれは市場社会を生きている。市場を介した財やサーヴィスなしでは生きていけない。しかしだからといって互酬や再分配がないわけではない。親が子を養育するのは世代間の贈与の連鎖である。また現に多くの国では課税と福祉給付を通じてなんらかの所得の再分配が行われている。しかしおよそ値段がつけられるものであれば，どのような財やサーヴィスも市場での流通は原則として妨げられない。互酬や再分配による結びつきは，社会的，政治的，法的に限定された領域にしか適用されない。この意味で市場社会は市場が互酬や再分配に対して支配的な社会である。

だがポランニーは人類史の大半において事態は逆だったと指摘する。つまり「制度化された人と環境の相互作用」の多くは互酬や再分配に委ねられており，市場――それは具体的には自己利益の最大化を原則としてカネで財やサーヴィスをやりとりする場である――の領域は，法的，社会的，文化的に限定されていた。ポランニーはこのことを「市場の社会への埋め込み（embedment）」と呼ぶ。裏を返せば，市場社会とは，そのように他の諸制度との関係に埋め込まれていた市場がその埋め込みを脱して「離床」（disembedment）した社会にほかならない。

二重運動

では，この市場の離床を判定する基準は何か。ポランニーは本源的生産要素の商品化を挙げる。本源的生産要素とは，端的に言えば労働力と土地と貨幣（資本）のことである。実際，伝統的にこれらの生産要素は「売り物」ではなく，贈与や相続，略奪や徴発，貢納や下賜の対象であった。これらが商品化，つまり制度的に市場で取引されるようになるのは19世紀以降のことである。『大転換』の議論の前半は，この本源的生産要素の商品化がどのような過程で起こったかを再構成するものである。ポランニーは，ナポレオン戦争が終わった1815年から第一次世界対戦の勃発する1914年までを「平和の百年」と呼び，その時代に起こったこの本源的生産要素の商品化の過程が，いかに市場を社会から離床させ，市場社会が形成されたかを論じている。そこに生まれたのは，勢力均衡，国際的金本位制，自由主義国家，そして自己調整市場という互いに支えあう四つの制度を核とする19世紀版のグローバル化社会であった。

だが本源的生産要素の商品化は『大転換』の議論のコインの片方の面でしかない。ポランニーは，本源的生産要素の商品化には固有の限界があると論ずる。すでに述べたとおり本源的生産要素とは，具体的には労働力，土地，そして貨幣である。ポランニーはこれら三つは本来的には商品ではないと指摘する。それらはただ商品だとみなされて流通しているにすぎない（ゆえにポランニーはこれら三つを擬制商品と呼ぶ)。なぜなら，それらは「売るために生産することができない」からである。それが最もわかりやすいのは労働力である。労働力はつきつめれば人間である。労働力の需要に合わせて人間を生産することはできない。土地や貨幣も同様である。土地の背後には自然があり，貨幣の背後には信用がある。しかし，自然や信用を生産することはできない。無理やり増産すれば，環境問題や金融危機に直面することになる。それは人間存在の生存の基盤を脅かすのである。

本源的生産要素の商品化にこのような固有の限界があるため，擬制商品の流通は社会の基盤からの抵抗を受ける。これをポランニーは「社会の自己防衛」と呼び，本源的生産要素の商品化と対にして「二重運動」として捉えている。『大転換』の後半は，この「社会の自己防衛」が主題となり，全体として「平和の百年」における二重運動とその帰結を分析しようとしているのである。

大転換

「平和の百年」を通して，本源的生産要素の商品化は，社会の自己防衛の抵抗を受けながら着実に進行した。しかしそのぶんだけ擬制商品の矛盾はふくらみ，あるところで逆転が始まる。本源的生産要素の流通の離床が限界に達し，ふたたび市場から社会へと埋め戻される契機が生ずる。これが大転換である。この大転換の契機が具体化したのが，両大戦間期の世界である。そこには三つの新しい政治体制が生まれた。共産主義，ファシズム，そしてニューディールである。三つの政治体制はイデオロギー的には互いに相容れない。しかし市場的自由を制限しようとする一点で，いずれも大転換的契機を共有している。共産主義は私的所有の廃止と計画経済を訴え，国家社会主義としてのファシズムは統制経済を敷き，ニューディールは政府の公共投資によって有効需要の創出を図った。市場の制限の度合いやより広い政治的・市民的自由に対する態度の違いはあるが，いずれの体制も本源的生産要素を市場の外へ埋め戻す志向を持っていた。

第二の大転換？

『大転換』の初版は1944年であった。ゆえに同書にとってわれわれが今日グローバリゼーションと呼ぶものは端的に未来であった。しかし彼が「平和の百年」の分析から導いた市場社会の限界に関する議論の本質は現在われわれが直面している状況にも妥当だと思われる洞察が少なくない。いわばわれわれは第二の大転換の契機にさしかかっているかもしれないわけである。ひとつの大きな論点は，擬制商品をあるていど市場から引き戻すとしてそれを再度埋め戻す社会的制度をどのように構想するかである。これを伝統などに頼ればきわめて保守的な解釈も可能な一方，新しい技術によっていわば第二の自然を構築する発想の延長には，ある種の管理社会を帰結させる側面も孕んでいる。こういった議論のプラットフォームとなるということも含めて本書は反グローバリズムの古典であるといえよう。

カール・ポランニー（Karl Polanyi, 1886-1964）

ウィーンのユダヤ人の家庭に生まれ，ハンガリーのブダペストに育つ。「暗黙知」の理論で知られる科学哲学者のマイケル・ポランニーは実弟である。経済ジャーナリストから学究に転身し，独自の経済人類学を構想した。主な著作に，『人間の経済』『経済の文明史』など。

参考・関連文献

金子勝『市場と制度の政治経済学』(東京大学出版会, 1997年)

佐藤光『カール・ポランニーの社会哲学　『大転換』以後』(ミネルヴァ書房, 2006年)

玉野井芳郎『エコノミーとエコロジー　広義の経済学への道』(みすず書房, 1978年)

アンソニー・ギデンズ『近代とはいかなる時代か?　モダニティーの帰結』(松尾精文, 小幡正敏訳, 而立書房, 1993年)

ジョン・ジェラルド・ラギー『平和を勝ち取る　アメリカはどのように戦後秩序を築いたか』(小野塚佳光, 前田幸男訳, 岩波書店, 2009)

(山下　範久)

ジャスティン・ローゼンバーグ

『市民社会の帝国　近代世界システムの解明』
***The Empire of Civil Society: A Critique of the Realist Theory of International Relations*, 1994**

渡辺雅男，渡辺景子訳，桜井書店，2008 年

——マルクス主義の観点から国際関係論を書き換える——

ジャスティン・ローゼンバーグは，今日明確にマルクス主義の立場に立つ数少ない国際関係論者の一人である。国際関係論の教科書でマルクス主義に割かれるページは少ないが，少なくとも二つの批判的主題においてマルクス主義的アプローチは国際関係論の重要な知的源泉となっている。一つは国際関係における構造的な不平等や暴力に対する批判という主題であり，いま一つは国際関係論という学知の成立基盤に対する批判という主題である。二つの主題は密接に関わるものではあるが，本書『市民社会の帝国』は後者の主題に主としてかかわるものである。

リアリズムの没歴史性

本書でローゼンバーグが最初に批判の矛先を向けるのは，国際関係論におけるいわゆるリアリズム（特にネオリアリズム）である。その最大の批判的論点は，リアリズムにおける歴史の誤用にある。

リアリズムの根本には「パワーの最大化を追求する基礎単位としての主権国家」という公理がある。リアリストはまずその公理から

出発して演繹的なしかたで理論モデルを構築する。そのため，その理論モデルは，超歴史的に適用可能な普遍的モデルであるかのように見える。また多くのリアリストは，自らのモデルの妥当性を示すためにしばしば具体的な歴史的状況を例証として提示する。そういった例証に最もよく用いられるのは，古典期のギリシアと15世紀末のイタリアである。

だがローゼンバーグは，この二つの事例を検討しなおし，そこに「自律的な政治的主体」の相互作用の場が観察されることをさしあたり認めたうえで，それが表面的な類似に過ぎないことを指摘する。封建制と商人資本主義（イタリアのケース）を前提に成立した政治的主体と，奴隷制に立脚する「都市経済なき都市文明」（ギリシアのケース）を前提に成立した政治的主体とでは，その主体としての志向がまったく異なる。リアリストによるこれらの事例の引用は，両者に（表面上）共通する「自律的な政治的主体性」を存立させしめている社会的条件の差異に目をつぶっているのである。

実際のところ，リアリストによる歴史の引用はしばしば理論に都合のよい歴史的事例のつまみ食いに陥っている。先に普遍的形式を持つ抽象的理論を構成し，その理論に合致する事例を歴史から拾い上げて例証とし，ゆえに理論に普遍的妥当性があると主張するのであれば，それは循環論法である。

国際関係論の「再歴史化」

理論の没歴史性の弊害は，変化を理解できないというかたちで現れる。事実，冷戦の終焉は多くのリアリストにとって晴天の霹靂であった。翻ってローゼンバーグは「国際関係論を再歴史化する」必要を訴える。それは具体的には二段階の作業である。

まず第一段階の作業として彼は，既存の国際関係論が前提とする国際システムの起源を脱構築することに手をつける。それは具体的には，15〜17 世紀に一つの全体として国際システムが形成されたという見方を見直すことを意味する。彼の議論は，ここで単なるリアリズム批判から，より包括的な学知としての国際関係論批判へと拡張される。というのも，この（しばしばウェストファリア体制と名指される）国際システムの成立を近世のヨーロッパに求める歴史観は，いわゆるリアリズムをはじめとする主流派の国際関係論者だけではなく，マーティン・ワイトやヘドリー・ブルのような英国学派，さらにはウォーラーステインのような世界システム論者にも共有された前提だからである。

ローゼンバーグは，このような歴史観に対して，19 世紀以降の近代的な国際システムと 18 世紀以前の近世的な国際システムとのあいだにある質的な断絶を強調する。最大の鍵となる論点は「政治的権力と経済的権力の分離」である。イタリアやギリシアのケースでもそうであったように，ローゼンバーグはつねに政治的主体性の背後にある社会的な存立基盤を問題にする。言い換えれば，どのような階級関係（富へのアクセスを可能とするものが何であって誰がどのようにそれを所有しているか）を背景として権力が構成されているかということである。

近世の資本主義は商業資本主義である。そこでは交易ルートの独占が資本蓄積の条件であり，その交易ルートの独占は帝国の軍事力に依存するものであった。そこでは帝国の版図がそのまま資本主義の範囲である。これに対して，19 世紀以降の国際システムにおける資本主義の空間は個々の国家の政治的権力の境界とは無関係にグローバルに拡大する。これが彼の言う「政治的権力と経済的権力の分離」である。ウェストファリア史観は主権国家の相互関係という表面的連続性にとらわれてこの断絶を見ていない。ゆえにその枠をはずすことが国際関係論を再歴史化する第一歩となるのである。

近代の脱自然化

ウェストファリア史観という枠を外し，近代の主権国家間システムを成立させている社会的な存立基盤を抉り出したローゼンバーグは，次にそのような近代的国際システムが歴史的に特殊なシステムであることを示そうとする。これが再歴史化の第二段階である。

この作業が必要なのは，「政治的権力と経済的権力の分離」によって特徴付けられる近代の国際システムことがまさに，リアリズムによって普遍的な国際関係の条件だと（誤って）捉えられているものにほかならないからである。リアリズムの国際関係観は，それが主権国家というアトム（個）から出発して組み立てられる限り，無政府状態（アナーキー）をモデルとすることになる。そして無政府状態を自然状態と読み替えることで，リアリズムはそれを人類にとっての普遍的な国際関係のあり方だと主張する。そうすることで19世紀以降の歴史的産物に過ぎないシステムが自然化される。

注意すべきは，この自然化のロジックはいわゆるリアリズムだけの問題ではないということである。国家であれ，個人であれ，およそアトムから出発して組み立てられた国際関係のモデルは同じ道をたどる。ゆえに実はこの近代的国際関係の自然化はいわゆるリベラリズムにも通有のイデオロギーなのである。ローゼンバーグは，「政治的権力と経済的権力の分離」に対応して，無政府状態の政治的側面が勢力均衡としてリアリズムによって，経済的側面が「見えざる手」としてリベラリズムによって，それぞれ自然化されていると指摘する。両パラダイムは，近代の自然化というひとつのイデオロギーを構築するうえで共犯関係にあるというわけである。

ローゼンバーグは，19世紀の国際システムにおいて政治的権力と経済的権力の分離がどのように進んだかを分析しなおすことで，このような主流派国際関係論による近代の自然化を批判しようとする。言い換えれば，無政府状態が自然状態ではなく，いかに構築されたものであるかを歴史的に示すことが，学知としての国際関係論をイデオロギーから救う道であると主張するわけである。

政治的マルクス主義

本書に示されたようなローゼンバーグの立場は，イギリスの知的文脈においてしばしば「政治的マルクス主義」というラベルを貼られる潮流のなかに位置づけられる。政治的マルクス主義とは，マルクス主義経済史家であるロバート・ブレナーによる社会的な所有関係を重視するアプローチである。伝統的なマルクス主義が生産力を基底に据えた抽象的で経済決定論的な歴史観を奉じていたのに対して，ブレナーは歴史的に具体的な所有関係・階級関係を背景に生ずるさまざまな交渉や対立，戦略的な同盟関係を含む社会的関係から，資本主義の成立を説明しなおそうとした。ブレナー自身の研究は封建制から資本主義への移行の問題を軸としていたが，これを国際関係の領域に拡張する議論に発展させたのがエレン・メイクシンズ・ウッドである。ローゼンバーグが近代の国際関係の背後に見出した社会的基盤の本質として指摘する「政治的権力と経済的権力の分離」というアイデアは，もともと彼女のものである。

さらに本書『市民社会の帝国』によってアウトラインを示された国際関係論の再歴史化のプロジェクトは，ローゼンバーグの弟子であるベンノ・テシィケによるウェストファリア史観批判によってさらに歴史的な肉付けがなされた。テシィケは主流派の国際関係論によって理念化されたウェストファリア体制ではなく，歴史の中のウェストファリア条約を再分析することで，17 世紀のヨーロッパに結ばれたこの条約が本質的に近世的な秩序の再確認でしかなく，同条約を近代的な主権国家間システムの起源とみなす見方は，現在のシステムを歴史に撮影するアナクロニスムであると断じた。他方で彼はローゼンバーグによる近代的国際システムの脱自然化を受け，(政治的権力と経済的権力が分離した）資本主義は特定の地政学的システム（たとえば主権国家間システム）を論理的に必然化するものではないという点を強調して，一元的に捉えられたシステムまるごとの移行としてではなく，多元的な交渉や闘争の絡み合う過程として，近代的国際システムの成立と変容を捉えなおそうとしている。

ジャスティン・ローゼンバーグ（Justin Rosenberg）
　イギリスの国際政治学者，歴史社会学者。主な著作に，『グローバリゼーション理論の愚かさ』など。

参考・関連文献

エレン・メイクシンズ・ウッド『資本の帝国』（中山元訳，紀伊國屋書店，2004 年）

ベンノ・テシィケ『近代国際体系の形成』（君塚直隆訳，桜井書店，2008 年）

フレッド・ハリディ『国際関係論再考　新たなパラダイム構築をめざして』（菊井礼次訳，ミネルヴァ書房，1997 年）

（山下　範久）

トマス・ポッゲ

『なぜ遠くの貧しいひとへの義務があるのか』

World Poverty and Human Rights, 2002/2008

立岩真也監訳，生活書院，2010年

――配分的正義を世界的規模で再考する――

リベラリズムと社会的正義――ロールズとそれ以降

リベラリズムと社会的正義と言えば，当然，ロールズの『正義論』を取り上げなければならないだろうが，ここでは，あえて，ポッゲの著作を挙げた。その理由の一つは，グローバル・ジャスティスという局面で考えた場合，ロールズ自身の議論が，最後まで国という単位を越えることがなかったからである。むしろ，チャールズ・ベイツやトマス・ポッゲら，ロールジアンと呼ばれる，その後の世代の研究者の手によって，自由と平等を結びつけてリベラリズムを再構築しようとするロールズの試みは，グローバルなレヴェルにまで拡張されていった。トマス・ポッゲも，その一人であるが，本書『世界的貧困と人権』は，その彼の代表的な論文集である。ポッゲらのグローバル・ジャスティス論の紹介に入る前に，彼らの議論の下敷きとなったロールズの正義論について，少し簡単に説明しておいた方が良いであろう。

ロールズの理論的考察の真髄は，価値多元論的リベラリズムを出発点としながらも，それらの諸価値の間で括(くく)り出せる最大公約数的な正義を括りだそうとしたところにある。その問題意識は，たとえば，次のような彼自身の言葉に表現されていよう。「政治的教説としてのリベラリズムの課題は，次の問いに答えることである。つまり，単一の合理的善についての公共的合意がありえず，対立し合う通約不可能な構想の多元性を前提とせざるをえないならば，社会的統一はどのようにして理解されるべきか」。こうした価値多元論を前提としたミニマムな正義論の中核に位置づけられたのが，ロールズの正義の第一原理，そして第二原理である。第一原理は，「各人は基本的自由に対する平等な権利をもつべきであるが，その基本的自由は，他の人びとの同様な自由と両立しうる限りにおいて，最大限広範囲にわたる自由でなければならない」というものである。そして第二原理は，次の通り。「社会経済的不平等は，次の二条件を満たすものでなければならない。①それらの不平等が最も不遇な立場にある人の期待便益を最大化すること。②公正な機会の平等という条件の下で，全ての人に開かれている公職と地位に伴うことでしかないこと」。第二原理の前者が格差原理，後者が機会の公正な平等原理と，それぞれ言われるものである。

これらの原理は，価値多元的状況の下でも，全ての人が受容できる唯一の普遍的な正義の基準であるとされ，そうした正義基準を満たす制度が構想された。ここで特に問題となるのは，第二原理を構成する格差原理を，グローバルなレヴェルで適用することができるか否かということである。ロールズ自身は『諸国民の法（邦題は，万民の法）』において，否の立場を明らかにしている。それに対して，ベイツやポッゲは，できると主張して，いわゆるグローバル・ジャスティスの議論を展開していった。それは，一言で言えば，全ての個人が基本的権利をもつというコスモポリタニズムに立脚しながら，グローバルなレヴェルでの配分的正義の実現を目指すことの必要性を積極的に推す議論である。

グローバルな貧困層を助ける義務

世界の全人口の約5割近くが深刻な貧困状態にあり，約10億の人間が慢性的な栄養不良状態にあり，約8億の人間が安全な水を手に入れられず，約25億の人間が基本的な公衆衛生のインフラを欠き，結果として，毎年約1800万人の人が貧困・飢餓などから早死にしているとされ，最貧国での平均寿命は40歳前後にとどまっている。一方で，先進資本主義国では，経済不況により失業問題が深刻化し，貧困問題も顕在化しつつあるものの，衣食住ともに満ち足りた人が大半であり，そこにおける平均寿命は優に80歳を越えている。

このような状況がある中で，先進資本主義国に住むわれわれは，遠隔地における深刻な貧困について，無関心でいることはできないというのが，ポッゲの考え方である。彼自身の言を借りれば，グローバルな相互依存が非常に進んでいる状況を鑑みれば，グローバルな貧困がローカルな要因のみに起因するものであるなどと言うのは極めて非現実であり，餓死を含む極度の貧困がグローバル経済秩序によってもたらされている以上，我々は，その秩序に荷担しているという点で，「他者を不当に害することを避ける」という消極的義務を果たしていないことになるのである。過去の植民地支配がもたらした負の遺産を含めて，現在のグローバル経済秩序がミニマムな人権の実現を阻んでいる以上，それを改革していくことは，われわれの義務となるというのが，ポッゲの主張である。

自国の農産物生産には手厚く助成金を補助するなどセーフガードをしながら，途上国に対しては関税障壁の撤廃を要求する先進国といったように，確かに途上国側の人びとから見れば，現行のグローバル経済秩序はアンフェアとしか言うことができない場合が多い。グローバル経済秩序がアンフェアであるという事例の一つとして，ポッゲは知的所有権，特に新薬開発を支えるための高い薬品価格の問題を挙げている。その典型例は，エイズ治療薬にまわる問題であろう。アメリカ政府は1990年代，WTOのルールを梃子に知的所有権の強化をはかっていったが，そうしたグローバルな経済秩序の中で，新薬開発に成功した製薬会社は，高い価格を維持しながら莫大な利益を得るとともに，その一部を次の新たな新薬開発に投じるといった形で，その恩恵を受けることになった。一方で，途上国，特に南アフリカなど南部アフリカ諸国では，エイズ治療薬が高い価格であるために，そうした治療薬を手に入れることもできず，ただ死ぬのを待つのみのHIV感染者が何万人もいた。強められた特許制度は，結果的に助けることが出来るはずの人間を見殺しにするという形で，明らかに「他者を不当に害することを避ける」といった消極的義務にも背くような状況をもたらしていたと言えよう。

ポッゲの議論に即して言えば，先進国側にいる我々は，こうしたアンフェアなグローバル経済秩序を変えていく義務を有しているということになろう。エイズ治療薬に限って言えば，患者たちの運動の働きかけやブラジルや南アフリカなどの途上国側の挑戦により，より安価なジェネリック薬を認める方向，つまりアンフェアな状況を打破する方向で動きだすことになるが，グローバル経済秩序全体の状況は，依然として大きく変わっていないのが実情であろう。そうである以上，「他者を不当に害することを避ける」という消極的義務は，依然として我々の肩に重くのしかかっていることになる。

ナショナリズムの立場からの反論とそれに対する再批判

ポッゲのようなコスモポリタニズムに依拠した考え方に対しては，当然，正義，特に配分的正義は国境を越えては適用されないといった，共同体主義ないしナショナリズムの立場からの反対論が予想される。ポッゲは，排他的ないしは人種差別主義的ナショナリズムは真摯な道徳的議論には値しないとして一蹴した上で，普遍主義的ナショナリズムという範疇に括った常識的ナショナリズムそして高尚なナショナリズムを，それぞれ紹介し，それらに対する批判を加えている。常識的ナショナリズムとは，同胞の利益を，外国人の利益よりも優先すべきという議論で，高尚なナショナリズムとは，同胞の正義・不正義の問題を，外国人の正義・不正義の問題よりも優先すべきという議論である。いずれももっともな議論であり，ポッゲ自身も，近親者から同胞，さらに外国人と，近しさの同心円に沿って関心が次第に弱くなっていくという考え方そのものを否定しない。他者を不当に害さないという消極的義務と同胞を害から保護するという積極的義務とは相反するものではなく，補完するものであり，問題と言えば，その間の優先順位ということになる。ポッゲによれば，日常的な道徳的思考においても，①他者に対して不当に害を働かないという消極的義務，②近親者を悪行から保護するという積極的義務，③同胞を悪行から保護するという積極的義務，④無関係の外国人を悪行から保護するという積極的義務，といった優先順位は受け容れられるはずという。

ここで，特に強調されるべき点は，他者に対する消極的義務と近親者ないしは同胞に対する積極的義務はトレードオフの関係にあるわけではないということであろう。グローバルな貧困，根源的不平等の存在といった，事実上の消極的義務の侵害状況を解消するためには，グローバル資源配当（Global Resource Dividend）を通じた富の再配分が必要であるというのが，ポッゲの主張である。世界の総生産額の１パーセント程度で，約25億人の人びとが極度の貧困から抜け出せるという試算もあるように，グローバルな貧困が先進国の富のわずか1，2パーセントを移転するだけで解消される可能性があるということは，グローバルなレヴェルでのミニマムな配分的正義を実現するためには先進国での自らの生活を犠牲にする必要はないということを意味する。つまり，他者に対して不当に害を働かないという消極的義務と同胞に対する積極的義務とは両立するはずということになる。

ポッゲらのグローバル・ジャスティスをめぐる議論は，理論面において，ナショナリズムそして「現実主義」に根ざした道徳的思考を大きく揺さぶる試みと言ってよいだろうが，トービン税（国際通貨取引税），国際連帯税（国連のミレニアム開発目標のための革新的資金メカニズム）の制度化など，グローバル・ジャスティス運動の広がりに示されるように，国境を越えたジャスティスを実現しようとする志向の動きが，現実のグローバル政治に既に見られることもあわせて指摘しておきたい。

トマス・ポッゲ（Thomas Pogge, 1953- ）

ドイツ生まれ。イェール大学で教鞭をとっている政治哲学者。主な著作に，『ロールズ』など。

参考・関連文献

伊藤恭彦『貧困の放置は罪なのか　グローバルな正義とコスモポリタニズム』（人文書院，2010年）ポッゲと同様に，コスモポリタニズム的立場を明確に打ち出しながら，グローバル・ジャスティスの議論を，とても明快に展開している。特に初学者の方には，ポッゲの本よりも，こちらの方をおすすめする。

ジョン・ロールズ『正義論』（川本隆史，福間聡，神島裕子訳，紀伊國屋書店，2010年）

ジョン・ロールズ『万民の法』（中山竜一訳，岩波書店，2006年）ロールズの主著2冊の翻訳だが，特に最晩年の著作『万民の法』では，ポッゲらのコスモポリタニズム的立場と対照的なコミュニタリアン的な正義論を打ち出している点で，参考になろう。

チャールズ・ベイツ『国際秩序と正義』（進藤榮一訳，岩波書店，1989年）早い段階で，ロールズの正義論をグローバルなレヴェルで本格的に適用を試みた著作の一つ。

（土佐　弘之）

ジャック・ランシエール

『不和あるいは了解なき了解』

***La mésentente*, 1995**

松葉祥一，大森秀臣，藤江成夫訳，インスクリプト，2005 年

――運動としてのデモクラシーを再生する――

平等原理を前提として始まる政治

ランシエールは，1940 年アルジェに生まれ，高等師範学校に進んだ後，ルイ・アルチュセールに師事し，エティエンヌ・バリバールとともに，『資本論を読む』の共著者になるなど，アルチュセールの影響を受けた形で研究者のスタートを切った。そして，アルチュセールの構造主義，科学主義，そしてエリート主義に対する批判を強めて師と訣別した後，歴史文書を渉猟しながら，19 世紀前半期における労働者像を捉え直そうとした『プロレタリアたちの夜』，「無知の知」を語学教師として実践したジョセフ・ジャコットに焦点を当てた『無知なる教師』などを著し，「全てのものの知的能力の平等」という点に焦点を当てた独自の政治哲学を展開した。最近では，映画論，美学論において新しい知的地平を切り拓いている。『不和あるいは了解なき了解（以下，不和）』は，その彼の，政治哲学における代表的著作の一つである。この著作におけるキーワードは，平等と不和であろう。原著が ネオリベラリズムの全盛期に著されたものであることを留意すると，その意味はわかり易い。

1980 年代以降，グローバル・レヴェルのヘゲモニー的秩序は，

ネオリベラリズムが席巻するのと連動する形で，消極的自由が平等原理を凌駕する方向で再編されていった。保守勢力とのコアビタシオン（保革共存）を間に挟みながらも，ミッテラン率いる社会党が政権をとっていた1980年代のフランスも例外ではなく，当初の社会主義路線から転じて新自由主義政策へと向かっていった。そうした流れの中で，自由と平等を融合させること，つまり〈自由＝平等（égaliberté)〉を実現していく必要性を唱えるバリバールのような考え方や，あらためて平等原理を出発点とする政治に民主主義のモメントを見出そうとするランシエールのような考え方が少しずつ注目されるようになっていった。

ランシエールは，現状維持の政治を「ポリス（la police)」と呼び，そうしたポリスが守る自然的秩序に対して，そこから排除された部分が自らの平等を主張しながら挑戦し秩序を攪乱した時，本来の政治である「政治的なもの（la politique)」が生じると主張する。分け前（part）を与えられていない民衆が自らの分け前を求めるということ，つまり「分け前なき者の分け前（une part des san-part)」の問題が顕わになるということが，政治であるといった言い方も彼はしている。ポリスと呼ばれる既存の政治的秩序に分け前をもたない民衆が，その政治的秩序に分け前を要求することを，不和（dissensus または mésentente）と呼び，この不和こそ，政治の本質であるとする。例えば，世界人権宣言のテキストに書かれている規範があるにも関わらず，その分け前にあずからない人々が，その分け前を要求すること，つまり彼（女）らの権利を主張することこそが，政治であり，運動としての民主主義であるということになる。注意すべき点は，平等は，具体化されるべき本質でもないし到達すべき政治的目標でもなく，あくまで政治的なものが始まる前提であるということであろう。

ランシエールは，「民主主義とは政治体制のことではない」と明確に断言する。確かに，コンセンサスを推し進めようとする今日の「民主主義」体制には，「分け前なき者の分け前」を求める形で平等原理を改めてつきつける民主主義的活動を抹消しようとする，「民主主義のパラドックス」と言えるような現象が認められる。それは，体制としての民主主義が依って立つ現実主義の問題にも関連しているが，ランシエールは，『不和』の中で，現実主義について次のように記している。「現実主義は，観察可能な現実だけで満足する健全な精神態度であると主張している。しかし，実は全く別ものである。すなわち，現実主義とは，秩序維持を志向するポリスの論理であり，あらゆる状況で可能なことだけをするとする主張する」。逆に言うと，現実主義は，分け前なき者の分け前を計算に入れない形で，つまり，平等を不可能とすることで，コンセンサスを推し進めるということである。そうした現実主義に対して逆らいながら，不可能であるとされたことを可能にしていこうとする行為こそが，脱政治化を進めるコンセンサス・システムに対抗する形での「政治的なもの」の回復であり，民主主義であるという。

名をめぐる政治と政治的主体化

ランシエールによれば，平等原理を前提として始まる政治とは，政治的共同体から実質的に排除されていた者が政治的主体を形成していく過程でもある。彼が挙げている革命家オーギュスト・ブランキの例は，そのことを理解するのにとてもわかりやすい。ブランキは 1832 年，自ら被告として立たされていた裁判において，裁判長に職業（プロフェッション）を述べるように求められ，「プロレタリアート」と答えた。裁判長は，その答えに対して，「それは職業（プロフェッション）ではない」と反論するが，ブランキは，「それは，労働で生計を立て，政治的権利を奪われている三千万人のフランス人の職業＝態度表明（《プロフェッション》）である」と応えた。そして，裁判長は，書記にこの新たな「職業（プロフェッション）」を記録させたという。ここに，ランシエールは，政治とポリスとの衝突を見出す。それは，自らプロレタリアートと名乗ることにより主体化を推し進める動きであり，政治的共同体から排除されている者が政治的共同体に揺さぶりをかける動きである。

これと同じようなことは，今日でも見られる。ネオリベラリズムが推し進める労働のフレキシブル化によって大量に生み出される非正規労働者，その中でも，特に不安定な雇用に悩まされている労働者・失業者は，旧来のプロレタリアートとは一見似た周辺的位置にあるものの，同じ名で呼ぶには性格があまりに異なっている。そこで，彼（女）ら自身は，自らのことを，プレカリアートと呼ぶようになっていった。また，アントニオ・ネグリやパウロ・ヴィルノら，一部の左翼知識人は，さらに広い範囲の人びとを指してマルチチュードと呼んでみたりした。そして，そうした名の下で行われたオルタ・グローバリゼーションの運動は，まさにネオリベラルな体制から弾き出され，考慮の外に置かれた人びとが，体制に対して平等の原理を突きつけながら，政治的なものを再興する動きであった。また，クイア（変態）と嘲笑された人びとがあえて自らクイアと自称しながら展開していったLGBT（Lesbian, Gay, Bisexual, and Transgender）の運動もまた同様に，性的指向性における平等といった原理を前に押し出しながらヘテロセクシズムという支配的体制に揺さぶりをかけるという点で，「政治的なもの」の一つの活性化現象であった。コンセンサス・システムが支配的な中でも，そこから弾き出された者たちが，平等の原理を梃子にして，自らに名を与えながら主体化を推し進めていく民主主義の運動に，ランシエールの政治哲学は光を当てようとしている。

新しいレイシズムと「感性的なものの分割＝共有の配置」の政治

しかし，ランシエール自身は楽観論に与している訳ではない。彼が特に深刻な問題として考えているのが，移民を対象にした「新しいレイシズム（人種差別主義）」と言われている現象である。ランシエールによれば，「今日の移民とは，まず第二の名前を失った労働者であり，政治的なかたちのアイデンティティと他性を失った，つまり数えられないものの計算という政治的主体化の形式を失った労働者である」。現在のコンセンサス・システムにおいて，移民，そして不法移民は，怖れと拒絶を掻き立てる定義不可能な〈他者〉に形を与える位置におかれ，結果として，彼（女）らは政治的主体化の契機を奪われ計算されるに値しない人たちとされたまま，絶対的かつ前政治的な嫌悪の対象となっている。つまり，先進資本主義社会における新しいレイシズムは，そこにおけるコンセンサス・モデルの自己同一性と表裏一体の関係にあるのである。

ランシエールも指摘するように，もちろん法は，移民問題を処理することによって，正義と平和をもたらしているつもりでいる。法は，それまでは偶然の状況やちぐはぐな規則に任されていた同化と排除の規則を定めることによって，自らの普遍性の領域のなかに特殊なものを取り込むと主張する。法は，よい外国人を望ましくない外国人から分けることで，外国人を等しく悪と見なすレイシズムとは異なるとされる。しかし，例えば，フランスのサルコジ政権が

2010年5月に閣議決定を行ったヴェール禁止法案に典型的に見られるように，異質な他者への嫌悪は，法の形をとるまでになっている。同法案は，全身を覆うブルカを着用したまま公けの場に現れた女性に対しては150ユーロの罰金を科し，また女性に全身を覆うブルカの着用を強要した配偶者に対しては15000ユーロの罰金ないしは1年の禁固刑を科するというものである。このようにヴェール着用に対して強い規制措置がとられる背景の一つには，欧米社会側が，ムスリム系移民に対する嫌悪感をもっていることに加え，ヴェールを男性が女性を支配しようとする手段としてしか見ていないといったステレオタイプ的な認識の問題がある。そうした状況では，たとえヴェールを自発的に着用する女性がいるとしても，彼女らの姿は見えないものとされ，彼女らの声は聞こえないものとされることにされ，良いムスリムと悪いムスリムを区別する指標はヴェールを着用しているか否という一点に置かれることになる。

そこには，ヴェールという視覚に訴えるものをめぐる政治，ランシエールの言い方を借りるならば，「感性的なものの分割＝共有の配置」をめぐる政治が，そこにはある。新しいレイシズムの論理は，明らかにヴェールに表象される異質な他者が自らの視角に入っていくことに対する嫌悪に基づいている。当然，そうしたレイシズムに抗する政治は，ヴェール姿が公的空間に視覚的に現れることができるように，「感性的なものの分割＝共有の再配置」を推し進める民主主義の運動という側面も有することになる。そうした「感性的なものの分割＝共有の再配置」を推し進めるためには，異質な他者を抹殺する形で均質化しようとするポリスに対して異議申し立てをする形で揺さぶりをかけなければならない。そうした積極的な政治的活動がなければ，当然，新しいレイシズムがヘゲモニーを掌握することになってしまう。不和ということを通じてデモクラシーが活性化するという議論は，ラクラウ＝ムフらの言う闘技的デモクラシーとも重なり合うところが多いであろう。また，「感性的なものの分割＝共有の再配置」を通じたデモクラシーの深化という点では，熟議デモクラシー論などとも通じるところもある。いずれにせよ，ランシエールの『不和』という著作が我々に考えさせてくれる大切なことの一つは，グローバル・ポリティクスに浸透しつつあるコンセンサス・システムや，その一端の現象としての「新しいレイシズム」などに対して抗していくことが，いかに大切か，また，それに対して，どのように抗していったら良いのか，ということであろう。

ジャック・ランシエール（Jacques Ranciere, 1940- ）

アルジェ生まれのフランスの哲学者。パリ第8大学哲学科名誉教授。主な著作に，『民主主義への憎悪』『感性的なもののパルタージュ』『イメージの運命』など。

参考・関連文献

和田伸一郎『民衆にとって政治とは何か』（人文書院，2008年）ランシエールの政治哲学などを補助線にしながら，民衆にとっての政治とは何かということについて，真摯に問い直した一冊。

萱野稔人ほか編『VOL 01　政治とは何か』（以文社，2006年）ランシエールの「政治についての10のテーゼ」の翻訳を含むほか，今日的状況における政治におけるランシエールの政治哲学のもつ意味などについても言及されている論文などを含み，参考書として有用。

市田良彦『ランシエール　新〈音楽の哲学〉』（白水社，2007年）ランシエールの政治哲学というよりは，その後の美学論に焦点を当てたもので，音楽，特にインプロヴィゼーションの果たす意味などについて論じている。

Todd May, *The Political Thought of Jacques Rancière: Creating Equality,*

The Pennsylvania State University Press, 2008. ランシエールの政治哲学に焦点を当てた邦語文献がないので，そうしたガイドブック的なものは，やはり英語か仏語文献にあたる必要が出てくるが，この本は，そういう意味では大変参考になる。

Nick Hewlett, *Badiou, Balibar, Rancière: Re-thinking Emancipation*, Continuum, 2007. ランシエール，バリバール，そしてバディウといった同時代のフランス政治思想家について，解放というキーワードを中心に整理したもの。

Jean-Philippe Deranty ed., *Jacques Rancière: Key Concepts*, Acumen, 2010. ランシエールの思想についての包括的な紹介を狙った論文集。

（土佐　弘之）

第4部

主権と権力

カール・シュミット

『政治的なものの概念』
Der Begriff das Politischen, 1932

田中浩，原田武雄訳，未來社，1970 年

――友／敵関係としてのグローバル政治――

リベラル・デモクラシー批判とカール・シュミット

カール・シュミットが，ドイツ・ワイマール体制を念頭に，リベラル・デモクラシーの欺瞞性を厳しく，かつ執拗に攻撃し，ナチス・ドイツ支持に傾倒していったという事実によって，彼の法・政治思想に対する激しい批判が引き起こされたことはよく知られている。そのため，第二次世界大戦後，「ナチスの御用学者」と揶揄されるステレオタイプ的シュミット像は，ほとんど修正されることなく今日に至っている。

政治学の研究に従事する者にとって，シュミットの評価は頭の痛い問題のひとつである。なぜなら，それは，政治的な意味においても，理論的な意味においても，デモクラシーの臨界点に対する研究者個々人の立場を明らかにすることを要求するからである。もちろん，現代世界において，独裁体制の正当性が無条件に肯定されることはほとんど考えられないが，（ワイマール体制とナチス・ドイツとの関係がそうであったように）その歴史的起源にリベラル・デモクラシーの機能不全が見いだされるかぎり，デモクラシー／独裁の境界領域は不安定なものであり続ける。したがって，重要なことは（近

年のシュミット再評価にも見られる傾向であるが)，シュミット思想の政治的出自への非難をくり返すよりも，彼がデモクラシーに突きつけた挑戦をいかにして乗り越えるかという視点である。

近代ヨーロッパにおけるデモクラシーをめぐる議論は，強い領域性によってつねに制約されてきた。そこで展開する権力闘争やイデオロギー対立は，しばしば民主的政治空間の創設に向けられており，デモクラシーの問題は，もっぱら領域国家の内部，あるいは政治体制のあり方の問題として認識されてきたのである。シュミットが，本書において試みたのは，社会的諸制度によって合理化された狭義の「政治」と，政治そのものの本質としての「政治的なもの」を存在論的に峻別することであった。

シュミットの目的が，ドイツ的国家理性を通じた国家主権の擁護であったとしても，グローバル政治分析に対して「政治」と「政治的なもの」の存在論的峻別がもつ理論的な含意を検討することが必要である。グローバリゼーションの進展は国境の不安定化を促すと同時に，「境界をめぐる政治」を顕在化させるが，この点に関して，現代国際政治理論は，狭義の「政治」の再配置を意味するにとどまっており，依然として理論的な参照点としての国家主権概念が，われわれの思考を拘束し続けているのである。「政治的なもの」の概念は，国家主権を通じて制度化された「政治」と政治そのものの理解の緊張関係を可視化する契機となり，そのことが，国家主権という制度的認識枠組をいわば括弧に括ったうえで，グローバル政治分析の展望を示唆することになる。

友／敵関係と政治的なもの

「政治的なものの概念」はつねに国家主権に先行し，原初的に構成される敵対性の次元に存在している。そこで，政治行動全般におよぶ基底要因となるのが，シュミットのいう友／敵関係である。ここでいう「敵」とは，政治的に対立し，抗争するすべての人間集団を意味しており，「隠喩や象徴としてではなく，具体的・存在論的な意味において解釈すべき」ものである。また道徳的な善悪や経済的利害得失といった領域には還元することができない「種差的差異」に基づく独自の公的領域としても位置づけられる。友／敵関係の構造は，絶対的な道徳律とは異なり，相対的かつ具体的な抗争を通じて構築される。その一方で，経済合理的な協調解の模索は，敵の他者性／異質性を通じて，権力闘争における政治的打算という文脈においてのみ容認される。したがって，道徳，宗教，文化，経済社会関係上の対立が，友／敵関係を構築する前提条件となるとしても，政治的な敵対関係に還元することはできないのである。

「シュミット・ルネッサンス」の主唱者の１人であるシャンタル・ムフによれば，「政治は「存在的」レヴェルに関連するものであり，「政治的なもの」は，「存在論的」レヴェルにかかわるもの」である。前者は，「通常おこなわれている政治のさまざまな実践にかかわるもの」であり，後者は，「社会が制度化されていくありかたそのものにかかわる」こと意味している。シュミットは，友／敵関係に依拠した政治的なものの概念を，あらゆる政治現象に先行する存在論的次元に位置づけたうえで，その政治的単位として主権国家の重要性を改めて強調する。ヨーロッパ政治外交史の文脈において，友／敵関係と国家間対立との間に対称性を見いだすことは容易であり，国家間の抗争および戦争こそ，もっとも重要な友／敵関係を表象しているからである。ただし，それは単純に国家中心主義の正当性を主張するものではない。なぜなら，友／敵関係とは，あらゆる政治的単位に通底する属性であり，けっして主権国家にのみ適用されるものではないからである。本書（原書）の初版が，1932年に公刊されたことを考えれば，国家の比重が圧倒的に高いことは，むしろ当然のことといえる。その意味で，後に公刊された『パルチザンの理論』において，シュミットが，政治的なものの概念および友／敵関係の思想的・理論的視角を，国家以外の非正規の政治的単位である「パルチザン」にまで拡張している点に注目すべきであろう。

公的な抗争状態としての友／敵関係が「政治的なもの」の概念の本質であるというシュミットの認識からすれば，市民的／経済的合理性の観点から制度化を推進することで，政治の多元的敵対性を統御可能な調整過程に読み替えようとするリベラリズムの立場は受け容れ難いものである。なぜなら，リベラリズムが想定する政治は，個々人の利害対立を予定調和的に（「神の見えざる手」を通じて）調整できるという市民的多元主義に依拠しており，シュミットにとって，このことは「政治的なもの」の公的特性を私的な領域へと貶める行為に他ならないからである。そして，リベラリズムの政治は，デモクラシーへの接合を経て，リベラル・デモクラシーの問題としてより深刻な問題を提起する。

リベラリズムは，（社会関係を個人の行動の複合現象として捉える）方法論的個人主義に依拠しながら政治の私的領域化を促進することで，政治主体の構築過程を理論的な前提条件として位置づける。他方，デモクラシーにおいては，政治的同質性に基づいた主体の構築（「誰」が統治するのか）および，議会制民主主義をめぐる統治の正当性（「誰」の委託に基づいて統治するのか）は原理的な問題とされる。逆に，デモクラシー体制の構築をめぐって，政治的に「異質」

とされた集団は排除の対象となるリスクに晒(さら)されるのである。特定の政治的単位において，誰が「友」で，誰が「敵」なのかという問いかけは「政治的なもの」の根幹に関わる問題であり，したがって，リベラル・デモクラシーの問題は，方法論的個人主義／近代市民社会に立脚するリベラリズムと，デモクラシーに内在する同質的集合アイデンティティの構築との間の矛盾に集約されることになる。シュミットの批判は，この点に向けられたものなのである。

ネオリベラル・グローバリゼーションと政治的なもの

シュミットのリベラル・デモクラシー批判は，個人主義的自由を最大限尊重するために構築された代議制に依拠したリベラリズムと，「人民」の単一の意思決定に依拠した国民的／政治的同質性を志向するデモクラシーという矛盾した原理の併存不可能性に向けられている。特に批判の矛先は，公的な友／敵関係を私的領域における利害調整へと読み替えてしまうことで，「政治的なもの」の存在を否定するリベラリズムに集中する。

冷戦後，急速に拡大したネオリベラル・グローバリゼーションは，市場経済化の推進および安定した「良きガヴァナンス」を必要条件として「民主化」を軸に推進されてきた。市場原理によるグローバル政治経済の合理化はある種のプロジェクトであり，シュミットのリベラリズム批判は，ネオリベラル・グローバル・ガヴァナンスに関しても理論的な妥当性を有している。ネオリベラル・グローバリゼーションの拡大によって引き起こされたさまざまな紛争は，市場経済化／民主化を通じた合理的政治経済主体の構築と，制度に包摂されえない政治的単位との間で展開する抗争であり，それは，「政治」にはけっして還元することのできない「政治的なもの」をめぐる友／敵関係の観点から理解すべき現象なのである。シュミットにとっては，方法論的個人主義に依拠するリベラリズムと，同質的集合アイデンティティの構築を志向するデモクラシーとの根源的な断絶を前提とするかぎり，リベラル・デモクラシー体制は，自身の機能不全から体制崩壊に至るか，さもなければ，「政治的なもの」が，リベラリズムが提供する個人主義的な市民アイデンティティに包摂されることで，政治的同質性の形骸化と不安定化を招くか，いずれかの運命を辿るしかないのである。

合理的な政治経済主体と市場経済システムを通じたガヴァナンスの構築が，ネオリベラル・グローバル・ガヴァナンスの「政治」であり，そこでは，しばしば市場原理に依拠した技術合理性の実践という観点から非政治的次元が強調される。そのような傾向は，シュミットが指摘した，国家や同質的集合アイデンティティの構築といった「政治的なもの」に関わる問題を体系的に回避するリベラリズムの特徴に合致したものであり，さらにいえば，市場合理性に依拠して構築された政治経済主体は，議会制デモクラシーとの接合を通じて規範的正当性を獲得することで，その形式的同質性がいっそう強化されることになる。その意味では，デモクラシーの同質性の論理はあらかじめ形骸化されてしまっているといってよい。

しかしながら，ネオリベラル・グローバリゼーションの圧倒的影響力は，経済領域にとどまらず，狭義の「政治」を超え，既に「政治的なもの」の次元にまで達してしている。技術合理性に基づく市場経済システムのガヴァナンス実践が，さまざまな地域で社会文化的な反発と分裂を引き起こし，敵対的な政治抗争につながっていることは周知の事実である。それは，単なる市場調整機能を介した利益の再配分を要求するだけではなく，ネオリベラル・グローバリゼーションの進行そのものが，政治的，文化的アイデンティティに対する脅威として認識され，反グローバリゼーションという新たな敵対性の政治として立ち現れているからである。ネオリベラル・グローバル・ガヴァナンス論が可視化しえなかった「政治的なもの」の顕在化に他ならない。

シュミットの目的はリベラリズムを攻撃することであり，その基本認識を前提にするかぎり，リベラル・デモクラシーの問題は，必然的にアポリアとならざるをえない。しかしながら，これに対して，たとえば，ムフが，デモクラシーの論理を，政治的同質性の構築から政治参加のありようの問題に移行させることで，「政治的なもの」の概念とラディカル・デモクラシーの接合をこころみたように，シュミットの議論は，グローバルに回帰するリベラリズムと権力の関係を可視化する理論的契機となりうるのである。

カール・シュミット（Carl Schmitt, 1888-1985）

ドイツの政治哲学者。主な著作に，『政治神学』『現代議会主義の精神史的地位』『大統領の独裁』『合法性と正当性』『大地のノモス』『パルチザンの理論』など。

参考・関連文献

シュミット『現代議会主義の精神史的地位』（稲葉素之訳，みすず書房，1972年）議会制デモクラシーの構造的な矛盾を批判する。

シュミット『パルチザンの理論』（新田邦夫訳，ちくま書房，1995年）第二次世界大戦後の友敵関係の流動化を受け，非正規戦を念頭に「敵」概念の拡張を試みる。

シャンタル・ムフ『政治的なるものの再興』（千葉眞ほか訳，日本経済評論社，1998年）「政治的なもの」の観点からリベラル・デモクラシーを批判し，ラディカル・デモクラシーの可能性を模索した論文集。

シャンタル・ムフ『政治的なものについて』（酒井隆史監訳，明石書店，2008年）「政治的なもの」の観点からネオリベラリズムへの対抗軸を構想する。

David Chandler, "The Revival of Carl Schmitt in International Relations: The Last Refuge of Critical Theorists?", *MILLENNIUM, Journal of International Studies*, 37: 1, 2008, pp. 27–48. 最近の国際関係理論におけるシュミットの再評価について論じた論文。

（南山　淳）

マイケル・ハート，アントニオ・ネグリ

『〈帝国〉』

***Empire*, 2000**

水嶋一憲，酒井隆史，浜邦彦，吉田俊実訳，以文社，2003年

――マルチチュードと〈共〉から世界政治を「さかしま」に見立てる――

帝国から〈帝国〉へ

ハートとネグリによる記念碑的著作『〈帝国〉』は，社会科学者の間ではいまや常識的な世界の認識枠組み，すなわち世界の見立てとなっている。2000年代において，本書が最も影響力のある著作であった事実は誰も否定しないだろう。本書は冷戦終了後の1991年に書き始められ，1999年の人道的介入の端緒となったコソボ空爆前に完成，2000年に出版された。かれらが執筆に費やした約10年間は，冷戦の終焉から2001年の9.11，対テロ戦争までという，ポスト冷戦期という区分と重なる。つまり『〈帝国〉』は，ハートとネグリのような左派にとっての1990年代なのである。これまでの帝国論と区別するため，本書は日本語ではギメ〈　〉を付して，〈帝国〉と表記される。なお，以後の作品では9.11以後の世界を，内戦のグローバル化とその「例外状態」の例外として，欧州的な主権の形態からの逸脱としての共和主義的美徳と国際法からの逸脱という，二つの例外を体現しているアメリカ合衆国の位置性を浮き彫りにしつつ，オルタナティヴを探っている。

世界の見立て方

国際関係論はこれまで，リアリズムやリベラリズムなどの世界像を見立ててきた。それは，世界政治の全体像を見渡すことのできる神の眼をわたしたちが持ち合わせていないためである。〈帝国〉とは，まさに世界の見立ての一類型である。〈帝国〉とは，1990年代以後の世界を支配する主体ないし構造をさし，いわゆる1648年以後の世界たるウェストファリア体制との対比で捉えられるだろう。ウェストファリア体制下での取極めとしては，対内的にも対外的にも至高の権利としての主権を有する国家である国民国家（nation state）からなる主権国家間体制が，この世界を構成してきたとされていた。それら主権国家（sovereign state）からなる体制とは，それまで宗教の権威（auctoritas）による世俗の権力（potestas）への支配として捉えられていた世界観とは異なり，独立した主権を持つ国家群による統治の体制である。

グローバル化の進展に伴い，ウェストファリア体制と国民国家の主権はその領土の内側と外側の両方において変容を余儀なくされつつある。そして今日，主権は国民国家のみの独占物ではなく，さまざまな主体によって担われるグローバルなネットワーク状の主権形態，すなわち〈帝国〉としてハートとネグリは見立てるのである。このようにして，主権国家間関係に専心してきた既存の国際関係理論を「さかしま（revolt）」にするのである。

政治政治における権力構造の再編

グローバル化がもたらす地域の「非－場所（non-place）」化と，ポランニー的な意味での個人の社会構造からの脱「埋め込み（embeddedness）」の同時進行は，ローカル・レヴェルの市民社会的条件とナショナル・レヴェルの政治権力的条件を動揺させる。結果登場した〈帝国〉は，おもに，①グローバルなリーチとして武力行使を行いうる超大国アメリカ合衆国，国際経済を管理し規制する一連の国民国家群，文化的・生政治的権力からなる「雑多な集まり」，②多国籍企業・市場組織のネットワーク，国民国家全般，③メディア，宗教団体，NGO など，民衆の利害を代表する諸集団の三層から構成されるという。

この三層構造からも分かるように，現在の世界を支配し，動かしている主権者とは単一ではなく，複数の主権者たちである。これら多様な主体によって構成されるネットワークの織物自体が主権の性質を帯び，この国民国家を越えた主権の動態こそが〈帝国〉と定義される。〈帝国〉とは，単一の支配のロジックのもとに統合された一連の国家群と他の超国家的な組織体からなる，グローバルな交換を調整する政治的主体であり，それは脱中心的で脱領土的な支配装置でもある。人々を生政治的に支配するために〈帝国〉は，平和の希求を掲げる方途として例外状態の管理や正戦（just war）の思想にもとづく介入の権利を行使することで，暴力の行使を正当化する。

〈帝国〉の特徴

〈帝国〉の特徴は以下の 4 点である。①脱中心的・脱領土的でありすべてが覆われて「外部」がないこと，つまり，先述のように三層のネットワーク状であるため，特定の場所を中心と定めることが出来ない。この「非－場所」の特徴とは異質なものをつねに内化し，再配置し管理するものである。②アメリカ合衆国の歴史同様，包摂のメカニズムを有するが，しばしば一般的な帝国論が同視するアメリカそのものではない，すなわちアメリカ＝〈帝国〉なのではなく，アメリカもまた〈帝国〉の一部として捉えられる。③近代になって現れてきた，人々を規律訓練し規範を内面化させてゆく「生かす権力」としての「生権力」を権力行使の核とする。④生権力を通じて，豊饒な差異からなる外部の包摂にさいしては，これまでのように統合するのではなく差異を差異そのものとして受容しつつも管理することを，支配の方途としている。

マルチチュードと〈共〉

ハートとネグリは〈帝国〉における現在の被支配＝抵抗の主体を，マルチチュード（multitude）と呼ぶ。そこで彼らが重視するのは，中世から近世にかけてなされた「人間の主体化」である。それはまさに人間が歴史の主体として立ち上がることであった。これは神に起因する権威の否定と世俗的な出来事の優位という形で現れることになるが，同時に〈帝国〉という内在的な平面としての現代世界に満ちている人間の力を肯定することを意味する。

だが，世俗化が進んだ近代の歴史は，皮肉なことに主体化された人間を包摂する権力の形成として進展してきた。それは，つねに近代の規範とその外側である「例外」たる「危機」への暴発防止を掲げて成立した社会契約としての近代主権国家の国内主権の確立と，シュミット的な意味での同質性をもつ西ヨーロッパというラウム＝欧州的規範の及ぶ圏域の外側における帝国主義と植民地支配の同時並行の歴史であった。

では，一度は主体化しつつも権力に包摂された人間の内在的な力が，マルチチュードとして復権する可能性はどう描かれているのだろうか。まず，ハートとネグリは，今日の資本主義生産を，産業労働のヘゲモニーから非物質的労働のヘゲモニーへ，フォーディズムからポストフォーディズムへのシフトと捉え，その後者，すなわちサーヴィスやコミュニケーション，分析的なシンボル操作が，情動の生産に携わる生政治的生産労働の中心になることで，人間の内在的な力が復権しつつあるという。生政治によって遍（あまね）く人間の生の領域がその生産へと浸透することで，マルチチュードの労働はわたしたちの生活世界そのものを再編する。だが，このマルチチュードの労働による再編に応じて，〈帝国〉も自らの支配形態を変容させるのである。〈帝国〉はマルチチュードの労働をも包摂し，セルフイメージを引き続き保持するのである。

だが，ハートとネグリはこれをチャンスと捉える。というのも，資本主義の生産とは，フォーディズム的な産業労働のヘゲモニーから非物質的労働のヘゲモニーへの移行によって特徴づけられるが，この移行こそが，非物質的労働の担い手であるマルチチュードが抵抗する契機だからである。まず，生政治的生産の現場は，自発的でありそして何よりも創造的な協働の営みにこそ，その基礎を置いている。ゆえに，管理をする生権力の側によるそれら協働の営みの抑圧は，現代資本主義のドライブたる非物質的生産の基盤が〈共(Common)〉にあるため，現代資本主義の自死を意味する。〈帝国〉は必然的に抵抗の契機たる非物質的労働の主体であるマルチチュードを消去することは出来ないという相反関係にあるのだ。

〈帝国〉という見立ての射程とその限界

ハートとネグリの〈帝国〉という見立ては，冷戦後の当時において国際関係理論が充分に把捉できていなかったグローバル化の情報や経済，そして生産関係などの諸側面が，世界政治において主権の変容を引き起こしていることを，いち早く描いてみせた。

この見立ての面白さとは,〈帝国〉はその維持のために非物質主義的労働主体たるマルチチュードを必要しており，そのマルチチュードこそが〈帝国〉を「さかしま（revolt)」にする契機を孕んでいる点であろう。

けれども，この〈帝国〉と非物質主義的な労働主体たるマルチチュードの相反関係は，意図せざる形で容易に共犯関係へと転じてしまう。〈帝国〉の諸層において資本は，すでに非物質的生産の基盤たる〈共〉として創り出されている価値を掠め取り，回収し，そして飼い慣らすのである。非物質的労働は資本の支配を受けることなく〈共〉を創りだしていて，資本はそうして生産される価値をただ外から奪い去り，商品として資本化してゆくだけなのだ。これまで資本主義の基本は外部の内部化という入れ子であったが,〈帝国〉においてそれは内部化せず，あえて包摂しうる外部としたうえで，協働の結果うまれた創造的な何かの上澄みだけをすくい上げてゆく。それは，ストリートカルチャーのような資本主義の外部や余白にあるはずの価値を内部に包摂せず，予め外部の創造的なものとして，たえず商品化するのである。

となると,〈帝国〉の結局マルチチュードの創造的な協働による〈共〉としての非物質的労働は，現在の〈帝国〉を「さかしま」にしようと試みれば試みるほど，ただただ現状の〈帝国〉の維持に奉仕することになる可能性をも，共に孕んでしまうのではないだろうか。

マイケル・ハート（Michael Hardt, 1960- ）

アメリカ合衆国の文学研究者，哲学者。主な著作に，『ドゥルーズの哲学』など。ネグリとの共著に『ディオニュソスの労働』『コモンウェルス』がある。

アントニオ・ネグリ（Antonio Negri, 1933- ）

イタリアの政治活動家，哲学者。主な著作に，『構成的権力』『マルクスを超えるマルクス』『未来派左翼』『野生のアノマリー』など。

参考・関連文献

ネグリ＆ハート『マルチチュード〈帝国〉時代の戦争と民主主義（上下）』（水嶋一憲，市田良彦監訳，NHKブックス，2005年）

Michael Hardt, Antonio Negri, *Commonwealth*, Harvard University Press, 2009.

五野井郁夫「普遍主義の帝国とその影としての周縁」『思想』975号（2005年7月）

芝崎厚士「国際関係研究における「帝国」と〈帝国〉」山下範久編『帝国論』（講談社選書メチエ，2006年）

フランコ・ベラルディ（ビフォ）『プレカリアートの詩　記号資本主義の精神病理学』（櫻田和也訳，河出書房新社，2009年）

パウロ・ヴィルノ『マルチチュードの文法』（廣瀬純訳，月曜社，2004年）

（五野井　郁夫）

スティーヴン・ルークス

『現代権力論批判』
Power: A Radical View, 1974/2005

中島吉弘訳，未来社，1995年

——グローバルな統治構造と「ラディカル」な権力観——

現代政治学と権力概念

「権力（power）」という概念は，政治理論においても，政治実践においても，もっとも根本的な基礎概念である。端的に表現すれば，政治学とは，権力というプリズムを通じて人間の様々な集合行為を見据える営為であり，権力概念をめぐる論争はつねに政治学そのもののあり方と不可分の問題として議論されてきたのである。ルークスが最初に取りあげるのは「一次元的権力観（One-Dimensional View of Power）」という「実際の観察可能な紛争にともなって生ずる中枢的ないし重要な争点をめぐって作成される決定行動に焦点を定める」という意味で，権力関係を可視的現象として理解する多元主義者の権力観である。それは「〈争点〉をめぐって〈決定〉が作成される際の〈行動〉に注視するもの」であり，「その〈行動〉には，政治参加をとおして示され，はっきりとした政策選好として捉えられる（主観的）〈利害〉の観察可能な〈紛争〉がともなう」ものである。

このような厳密な権力概念の理論的問題点は，すべての権力現象は「観察可能な」紛争に起因するという客観主義的な認識論に集約される。確かに，古典的なエリート論に見られるように，権力現象が，軍事力や経済力といった物理的権力資源の動員に還元可能だとすれば，利害対立の顕在化にともなう具体的な紛争発生に依拠して権力概念を構築することは理論的に妥当であろう。しかし，他方で，一次元的権力観には，権力関係が優れて（社会）心理的な次元で構築される現象であるという視角が欠落している。それは，権力を行使する側にとって，実際に権力を行使する以前に，権力を行使される側が率先してその意向にしたがう状況を構造化する次元と権力現象自体とが不可分の関係にあるという視角である。したがって，同時に，権力を行使される側にとっても，紛争が顕在化する以前に潜在的／主観的な権力構造下での意思決定が強いられることになる。もっぱら方法論的個人主義に立脚する一次元的権力観は，この点を概念化／理論化することに失敗しているのである。

次いで，本書が取りあげる「二次元的権力観（Two-Dimensional View of Power）」は，権力を「観察可能な」紛争に起因する客観的現象として捉える一次元的権力観の理論的陥穽を回避することに部分的に成功している。通常，意思決定者は，特定の紛争を利用し，他者を一貫してコントロールするために都合の良い支配的価値観，規範，信念，制度等の体系の構築を試みるという意味で「偏向（バイアス）の動員」を行う。その結果，不都合な議題を政治的〈意思決定〉過程から排除し，「価値や利害に対する隠然たる挑戦や公然たる挑戦を抑止または挫折せしめる」〈非決定〉過程へと構造的に封じ込めようとする意思決定者の行動を，権力関係の観点から捉えることが可能になるのである。

しかしながら，二次元的権力観は，権力論に〈非決定〉領域概念の導入を図る一方で，依然として〈決定〉領域に対する相関関係の枠内にあり，〈非決定〉領域の存在そのものは観察可能な〈決定〉次元の従属変数にとどまっている。ルークスは，二次元的権力観の有効性を認めながらも，そこに根強い方法論的個人主義の残滓を見いだし，「三次元的権力観（Three-Dimensional View of Power）」導入の必要性を提唱するのである。それは二次元的権力観がとらえ損ねてきた，権力構造の〈非決定〉次元の概念化／理論化を徹底するという点で，「ラディカル」な権力観である。

意思決定者は，既述したように制度的な「偏向（バイアス）の動員」を通じて，特定の利害（関係者）を政治過程から予め排除し，権力行使の効率化をこころみるが，権力を行使される側（の利害）が，そもそも権力の対象であること自体を認識し得ない状態，換言すれば，「その思考や欲望の制御をとおして服従せしめること」が権力を行使する側にとってもっとも効果的な権力構造となる。現代権力論が着目すべきは，観察可能な意思〈決定〉をめぐる権力関係よりも，潜在的な〈非決定〉領域におけるそれであり，三次元的権力観は，この点を理論的に可視化することを企図している。ただ権力関係の可視的側面を考慮すれば，あらかじめ当該過程から排除される〈非決定〉次元の経験的検証は極めて困難な課題となる。なぜなら，「客観的」な意思決定過程を介在しない潜在的争点の同定には，権力を行使される側の認識論的／主観的次元の分節化が不可欠になるからである。

ルークスは，方法論的個人主義を乗り越える理論的展望を備えているという点で，三次元的権力観の革新性を再三強調するが，他方で，その経験的検証可能性が理論的な「難問」となることを率直に認めている。そのため，権力関係を観察可能な紛争や争点に還元することなく特定する具体的な方法については，その方向性を示唆するにとどまっている。つまり，あらかじめ付与された利害関係の構造的諸条件のもとで，権力を行使される側が，自らの（真の）利害が侵害されたという「結果」をどのように認識するのか，主観的次元の制約をふまえつつも，様々な「反実仮想」を模索することで，権力行使の「責任」のあり方についての展望が開かれるとルークスは主張する。権力の帰属は，同時に一定の結果に対する責任の帰属にほかならず，権力の所在を同定するためには「ある特定可能な行為者（エージェント）の活動や無活動から生じたとみなされる結果の責任を確定すること」が，三次元的権力概念構築に不可欠な条件となるのである。

グローバルな統治構造と国際関係論における権力

グローバル化の著しい進展にともない，少なくとも国際関係論（IR）においては方法論的個人主義に依拠した合理的アクターを志向する権力概念は，その理論的有効性を低下させている。グローバル化が権力主体および政策領域間の「境界」を侵蝕するにつれて，伝統的な国家中心主義が，その理論的有効を失いつつある。およそ30年前に公刊された本書が扱っているのは主に国内政治の領域であるが，2005年に発表された小論において，ルークスは現代国際政治理論における権力の問題を直接扱っている。以下，同論文に言及しながら，グローバル政治理論の文脈における三次元的権力観の位置づけについて論じていく。

グローバル政治理論の構築において，もっとも重要な問題は権力主体の特定である。グローバル化がもたらす恒常的不安定性と「境界をめぐる政治（グローバル／ボーダー・ポリティクス）」の影響を考えれば，構造的アナーキーと権力主体としての主権国家を所与のものとしてきた（ネオ）リアリズムの理論的限界は明らかである。ルークスにとって，伝統的な国際政治理論に対する三次元的権力観の優位性は，権力主体を所与とする一次元的権力観に対するそれと同様の意味をもつのである。

また，ルークスは，ジョセフ・ナイの「ソフト・パワー論」についても言及している。ハード・パワー／軍事力に依存した影響力の行使（威嚇）や合理的な説得（打算）に依存する外交よりも，当該国家が自らの政治・文化的誘因（魅力）の増大を図ることで外交交渉上の有利な契機を作りだすソフト・パワー外交を重視すべきであるというナイの主張は，「相手の信条と願望を形成し，これに影響を及ぼし，決定を促すことで服従を確固たるものにする」という意味で，いわゆる「エージェント－構造関係」を理論的射程に収めており，三次元的権力観と，その理論的視角を共有しているといえる。

しかし，他方で，ソフト・パワー論は，アメリカ外交の戦略上の要請という文脈の枠内で処理されているため，エージェントの志向性を過度に重視する論理構造（agent-centered view）になり，「説得」のための有利な条件整備と，選好／利益そのものの形成を理論的に区別することに失敗している。政治・文化的誘因という外交政策決定過程の外部構造（非決定領域）を対象化しているにもかかわらず，最終的に，それが外交戦略という可視的な〈決定領域〉に回収されてしまっているという点で二次元的権力観と同じ欠陥を有しているのである。

ルークス vs.フーコー——グローバル政治理解の補助線として

さらにルークスは，上記の論文に加え，同年公刊された本書第2版の中で，ミシェル・フーコーの権力論を批判の俎上にあげている。

ルークスが，三次元的権力観を「ラディカル」であると強調するのは，それが（他の「客観的」な権力観に比較して）権力をより広く定義し，権力関係のメカニズムを理論的により深く理解しようとするからである。そのため（権力）主体を無条件に仮定する理論的所与性の問題を回避することにはある程度成功しているといってよい。他方，フーコーの権力論を批判し，それを自身の視点よりもさらに過激な「ウルトラ・ラディカル」と評した理由は，これとまったく異なっている。というのも，権力概念の理論的拡張・深化を要請するという点においても，経験的検証可能性という理論的課題をともなうという点についても，両者の立ち位置の違いは相対的なものに過ぎないからである。

ルークスのフーコー批判は，その権力概念を規定する過度の主体中心性（subject-centered view）に向けられる。フーコーの権力世界には，一切の構造的外部は存在せず，（権力）主体は常に権力と知の相関ネットワークの内部で構築（主体化）される。そして，権力／知／主体の三角形が内部構造として機能するため，そこから客観的な因果律は排除され，主体は権力効果としてのみ立ち現れる。あらゆる主体が権力／知ネットワークの相関的な構築物に過ぎないとすれば，「解放と理性」に依拠した対抗権力が存在する余地もあらかじめ排除され，このことが権力論から規範的な立脚点と理論的な参照基準を奪い取ってしまうことになる。ナイへの批判が主に理論的妥当性に関するものであったのに対して，フーコーへの批判は，そのメタ理論構造にまで踏み込んで徹底して展開されているのはそのためである。ルークスは，「権力」が未成熟で本質的な論争概念であることを認める一方で，合理主義的な理論観と，それに依拠した規範要請を擁護し，権力に対する構造的外部を担保しようとする。

フーコーとの立ち位置に一線を画しているのはこの点である。

確かに，もっぱら（ネオ）リアリズム的権力観によって支配されてきたIRの優れて一次元的な権力概念を批判的に乗り越え，グローバル政治分析に対してより有効な権力概念を構築するうえで，ルークスの権力論は有力な理論的契機を提供している。しかし，ルークスのフーコー批判は，けっしてステレオタイプ的ポストモダン批判の範疇を出るものではない。フーコーにとっては，権力構造の「内部」と「外部」を分かつとされる境界そのものが権力効果の産物なのである。したがって，国内政治はもちろん，（冷戦構造に象徴される）従来の国際政治領域と比べて，時空間構造の急激な流動化を，その構造特性とするグローバル政治の分析から，（権力）主体の構築過程を外部化することは，権力／知の力学を不可視化／隠蔽することにほかならない。普遍的な合理性に依拠して外部構造としての「解放と理性」を担保しようとするかぎり，ルークスがこだわる権力論の経験的検証可能性の次元には，ある種の倫理的パラドクスが不可避となるのである。

スティーヴン・ルークス（Steven Lukes, 1941- ）

イギリス出身の社会学者。主な著作に，『個人主義』『カリタ教授の奇妙なユートピア探検』『エミール・デュルケーム』など。

参考・関連文献

Steven Lukes, *Power : A Radical View, 2nd ed*, Palgrave Macmillan, 2005. 新たな2章を追加し，現代権力論の新しい動向を踏まえ，三次元的権力観のさらなる精緻化を行っており，実質的な新版といえる。フーコーの権力論についても多くの頁を割いている。

Steven Lukes, "Power and the Battle for Hearts and Minds," *Millennium:*

Journal of International Studies, Vol.33, No. 3, 2005. 主にIRをめぐる権力概念について論じており，特にナイのソフト・パワー論とフーコーの権力論を中心に言及している。

ジョセフ・S・ナイ『ソフト・パワー』（山岡洋一訳，日本経済新聞社，2004年）現代国際関係における権力構造の変容を「ソフト・パワー」という独自の視角から検討している。

Clarissa Rile Hayward, *De-Facing Power*, Cambridge University Press, 2000. 社会的ネットワークとしての権力という視角から現代権力論を批判的に検討している。

Michael Barnet and Raymond Duvall, eds., *Power in Global Governance*, Cambridge University Press, 2005. グローバル・ガヴァナンス理論における権力概念の問題を批判的視座から再検討した論文集。

（南山　淳）

ミシェル・フーコー

『生政治の誕生 コレージュ・ド・フランス講義1978-1979』
***"Naissance de la biopolitique": Cours au Collège de France, 1978-1979,* 2004**

「ミシェル・フーコー講義集成8」，慎改康之訳，筑摩書房，2008年

――グローバルな統治性としてのネオリベラリズム――

1990年代の国際関係論において，「政府なきガヴァナンス（governance without government）」という言葉に象徴された，グローバル・ガヴァナンス論が流行した背景には，冷戦構造の崩壊と市場経済のグローバル化がもたらした近代主権国家システムをめぐる「ガヴァナンスの危機」の問題があった。当該分野においては，規範的な意味においても，概念的な意味においても，主権国家批判が再三くり返されてきた。グローバル・ガヴァナンスの諸理論においても，非国家主体，国際制度，インフォーマル・レジームといった下位概念の導入を通じてアナーキーな権力構造が再配置され，主権国家の位置づけが一定の相対化が施されているが，そこには依然として国家の優越性が維持されている。グローバル・ガヴァナンスの理論は，権力構造としての主権国家を所与のものとしたまま，その部分的改変を企てることで，「グローバルな諸問題」に起因する世界秩序の変動過程を管理しようとするものであった。そのため，権力構造としての国家主権を可視化することにはほとんど理論的関心を払ってこなかった。他方で，同時期に国内政治体制における「良

きガヴァナンス論」が隆盛した背景には，国家主権が支配する統治領域（国内政治）を，国際政治から分離するという意味で，やはり権力構造としての国家主権が所与とされていたのである。

ミシェル・フーコーの「統治性（govermentality）」めぐる議論は，（特にリベラリズムに依拠した）グローバル・ガヴァナンス論が看過してきた権力効果としての国家主権の問題を分析する理論的展望を開いている。国家が歴史的にきわめて強力な存在であり続けてきたことは事実だとしても，その権力効果としての機能を理論的に明らかにすることが，グローバル・ガヴァナンスの批判的検証に必要な作業になるのである。

本書は，フーコーがコレージュ・ド・フランスで行った講義録の1冊であるが，表題にある「生政治」の概念，あるいはその歴史過程を正面から論じたものではない。「生権力」という「人口」管理を目的とする権力の新しいテクノロジーの出現を論じた『社会は防衛しなければならない（講義集成6)』をふまえ，人口管理に対する安全保障装置としての近代主権国家の系譜を，統治性という観点から描き出した『安全・領土・人口（講義集成7)』を直接引き継ぐ内容になっている。議論の中心となっているのは，統治性の観点から見た（ネオ）リベラリズムの系譜学的分析である。以下，これらにも言及しながら，ネオリベラリズムと統治性の問題について論じる。

「人口」の発明と生政治の誕生

中世期の絶対君主が行使していた「死を与える権力」，あるいは「威嚇する権力」に代わって，近代ヨーロッパに新しい権力のテクノロジーが立ちあらわれる。フーコーのいう「規律権力」である。君主の権力が，死を与えることで威嚇し，君主に対する反逆行為を禁止する権力であるとすれば，規律権力は，権力関係への服従を行為規範として身体化することで，権力行使にともなうコストを低減する，いわば「権力のエコノミー」を実践するテクノロジーである。ただ，君主の権力が，公開の場での拷問や処刑を，主権者への反逆に対する見せしめとして利用することと，規律権力における，服従の合理化の違いは，あくまで監視技術や教育・訓練システムの複雑性や巧妙さに起因するものであり，強制された死と権力コードに違反することで被るであろう不利益の差違は，主権者に対する禁止行為を強制するという意味で相対的なものに過ぎない。

次に，フーコーは，共同体全体（群れ）の救済を目的として行使される「司牧権力」を経由し，「人口」という概念に着目する。統計学の発達にともない立ちあらわれた人口概念は，権力の新しい主体および対象として認識されるようになる。そして，公衆衛生や公共福祉などを含む，人口に対する広義の安全を提供するために行使される権力を「生権力」，人口の安全を管理する過程を「生政治」としてとらえるのである。それが，次節で述べる「統治性」の問題系へとつながる。

統治性としてのリベラリズム

「人口」という抽象化された共同体のために，外敵を排除し，国富を増大させ，公衆衛生の向上を図ることを目的とする生政治において，主権国家はつねに安全保障装置として合理化されてきた。統治性という概念は（複雑で理解しにくい面があるが）人口を主要な標的として，「安全保障装置」と「政治経済学」という権力／知の形式を通じて行使される，諸制度，諸手続，分析，考察，計算および戦術の総体を意味する。それは，歴史的に安全保障装置として機能し続けてきた国家主権に対して優越するものと位置づけられる。国家は，あくまで統治のための安全保障装置の一部であり，けっして，その逆ではないという点に，特に注意が必要である。

以上の点をふまえ，フーコーは，西欧における近代市民社会の成立に由来するリベラリズム，とりわけ統治性としての経済的リベラリズムについて詳細に論じていく。規律権力が，基本的には，近代的法権利主体間の明確な対立関係（権力主体と抵抗主体）を維持しているのに対して，生政治／統治性次元の権力関係においては，権力側と被権力側の関係は曖昧である。生権力はつねに統治性の観点から行使されるため，錯誤やズレによって引き起こされる抵抗の契機が潜在化することになるが，それが必ずしも敵対的な権力関係を顕在化させるとは限らない。そのため，近代的法権利主体とは異なる視角から統治性の問題をとらえる経済的リベラリズムに着目するのである。

フーコーは，18 世紀フランスの重農主義，19 世紀イギリスのリベラリズム，20 世紀のドイツ，アメリカにおけるネオリベラリズムの議論をひきながら，経済的リベラリズムにおける「市場」および「ホモ・エコノミクス」，さらには「市民社会」といった概念を統治実践の観点から入念に検証する。リベラリズムにとって，市場は根源的な意味で「真理陳述の場」であり，「神の見えざる手」に導かれた市場合理性を行為規範とするホモ・エコノミクスは，市場原理に依拠した統治実践を再生産することで，統治構造としてのリベラリズムの深化，拡大を企図する存在とされる。法権利主体とホモ・エコノミクスの最大の違いは，想定される共同体に対する関係性の違いである。前者は，社会に対して基本的に自律した存在であり，法権利はあくまで主体にとっての手段である。これに対し，後者にとっての市場は不可分の構成関係で結ばれた空間であり，市場とホモ・エコノミクスの関係性は，存在論的にも認識論的にも一体のものとして把握されなければならない。

このことは，統治性としての（ネオ）リベラリズムの影響力を決定づける3つの特徴を導き出す。第一に，リベラリズムは，統治性を，しばしば市場競争がもたらす富の増大に還元し，構造としての市場と，主体としてのホモ・エコノミクスを構成する経済合理性を，その根本規範に位置づける。そして，人口の安全保障という意味での統治性が，つねに経済的合理性の観点から再配置され続けるのである。したがって，第二に，統治性原理としての（市場）経済合理性は，非経済領域をも侵犯していく。経済合理性の論理は，市場行動における利得行為にとどまらず，統治性領域全般に対する，基本モデルとして機能するのである。経済を超えて社会領域全般においても，権力主体としての人間を，ホモ・エコノミクスとして行動すべく管理し，市場の維持を通じて人口全体の統治を企図する。ホモ・エコノミクス／市場モデルによる統治の全般化こそリベラリズムの理想なのである。

そして，第三に，国家の存在は，市場秩序を維持管理するための外的な安全保障装置として位置づけられる。もちろん，だからといって，リベラリズムは国家を軽視しているわけではない。むしろ国家が歴史的に果たしてきた役割を積極的に評価する。主権権力という暴力装置の作動がなければ，リベラリズムの統治性に内実を与え，それを維持管理していくことは不可能だからである。過度の国家干渉を嫌うリベラリズムが，ドイツ的な国家理性を拒否する一方で，政治経済学を通じて，国家－社会関係を再配置し，「市民社会」を中心とした統治性を再構築しようとするのは，そのためである。

以上，リベラリズムの統治性の特質を要約すれば，市場／ホモ・エコノミクスの合理性を通じて，生政治的空間を構築し，そこから国家主権の干渉を排除すると同時に，その再包摂化を図ることで，自由な市民社会というガヴァナンス構造を再生産するということになる。

ネオリベラル・グローバル・ガヴァナンスと統治性

グローバル・ガヴァナンス論隆盛の契機として，経済のグローバル化と冷戦構造の崩壊があったことは既に指摘したが，グローバル・ガヴァナンスは，その後，権力／知の相互浸透関係を通じて特異な発展を遂げる。前者においては，市場原理主義的なネオリベラル・グローバリゼーションという形で，後者においては，民主化を国際平和達成の条件と位置づけるデモクラティック・ピースの推進および，剝き出しの暴力装置／主権権力の発動を通じてリベラルな体制への転換を強制する「ネオリベラル・プロジェクト」としての対テロ戦争という形で。

一般に，グローバル・ガヴァナンス論の問題設定は，「世界政府の不在という意味でのアナーキー構造」および「トランスナショナルな諸関係の爆発的増大」が併存する国際環境のなかで，誰が，いかにして，協調的ガヴァナンスを遂行するか（秩序を維持するのか）という点に集約される。そこでは，ガヴァナンスの意味内容を問うことなく，ネオリベラリズムの行為規範に依拠しながら，「良きガヴァナンス」を遂行することが，自動的に個々人に対し「良き生」が保障するという，生政治の論理が支配しているのである。

ネオリベラル・グローバル・ガヴァナンスをめぐる議論は，政治的利害関係を過度に客観化／合理化し，結果として，「誰が」，「どのような政治空間を構築し」，「(それを) いかに統治するのか」という，「政治的なるもの」をめぐる争点を理論的に不可視化してしまう。フーコーが提示した，生政治および統治性概念は，グローバル政治理論に対して，存在論および認識論次元にまで踏み込んで批判的立脚点の構築を可能なものにしている。

ミシェル・フーコー (Michel Foucault, 1926-1984)
フランスの歴史哲学者。主な著作に，『狂気の歴史』『言葉と物』『知の考古学』『監獄の誕生』『性の歴史 (Ⅰ知への意志，Ⅱ快楽の活用，Ⅲ自己への配慮)』『思考集成』『講義集成』など。

参考・関連文献

フーコー『性の歴史1　知への意志』(渡辺守章訳，新潮社，1986年)
フーコー『社会は防衛しなければならない』(講義集成6，石田英敬，小野正嗣訳，筑摩書房，2007年) フーコーの権力概念，特に生権力概念の基本理解に不可欠な文献である。
フーコー『安全・領土・人口』(講義集成7，高桑和己訳，筑摩書房，2007年) 本書の前年度の講義録であり，講義の位置づけとしては，実質的に前半部にあたる。フーコーが直接論じることが少なかった，国家の問題を正面から取りあげているという点で本書と併せて必読文献である。
南山淳『国際安全保障の系譜学』(国際書院，2004年) フーコーの権力論を用いて国際関係理論／安全保障研究の系譜学的分析を試みている。
Wendy Larner and William Walters, eds, *Global Governmentality: Governing International Spaces*, Routledge, 2004.「統治性」概念をグローバル政治分析に導入した論文集。

(南山　淳)

ジョルジョ・アガンベン

『ホモ・サケル 主権権力と剥き出しの生』

***Homo sacer: Il potere sovrano e la nuda vita*, 1995**

高桑和巳訳，以文社，2003 年

——人権の彼方へ——

突然，無差別の暴力に襲われ，着の身着のままで逃れる子供や老人を含む男女たち，行き場をなくした数多の「難民」のニュースを耳にすると，私たちはこのような悲劇に胸を痛め，失われたかれらの人権の回復を求めて，国際的な難民支援を期待するかもしれない。一方で，かれらをそうした状況へと追いやる集団，無差別に殺戮行為を働く集団には，人間性を微塵も持たない危険な「テロリスト」という名を投げつけ，捕獲・拘禁すべき対象，場合によっては殲滅すべき対象として認識するのかもしれない。一見すると，難民は生命を保護されるべき存在であり，テロリストは拘禁・殲滅されるべき存在なのだから，双方には通底するものなどありえないようにも思われる。

現代のグローバルな政治を支えるこうした感性に対して，ジョルジョ・アガンベンの思想は，重大な挑戦を投げかけている。アガンベンからすれば，一見正反対の位置にいる難民もテロリストも，「ホモ・サケル Homo sacer」という同一の地平にいる存在として理解されなければならないのだ。

しかしながら，アガンベンの思想は決してこれだけでは終わらない。ここから，その根源において政治を再考するなら，アガンベンとともに躊躇なくこう言わねばならない。このニュースを観て，哀れみ，怒りを覚えている「私たち」自身も皆，潜在的にはホモ・サケルなのである，と。

主権権力と剝き出しの生

アガンベンは，難民とテロリストが「剝き出しの生」を体現している点において，両者は同一の政治的・法的条件に置かれているという見解を提出している。剝き出しの生とは，人権・市民権・権利など，歴史的に近代政治のあり方を定めてきた諸概念の価値に挑戦するために，アガンベンが用いる概念である。

剝き出しの生は，主権国家の通常の正当な法的・政治的秩序が，一端停止，宙吊りとなった状態において，すなわち例外状態において発現するとされる。正当な秩序が停止されるのが例外状態であるのなら，それは暴力と恐怖に満ちた法のないカオス状態のようにも思われてくる。

しかしながら，アガンベンにとって，例外状態は，法秩序の外部に位置する単なるカオスではない。法が宙吊りになった例外状態では，法自体が，既存のあらゆる法に依拠することなく，自ずと生み出される力が働くことになると言うのである。

そうすると，例外状態において出現する剝き出しの生は，あらゆる法的制約を越えて行使されうる力に直にさらされていることになる。つまり，人間の生の価値を規定してきた人権やその価値を具現化してきた市民権といったあらゆる法権利を越えて，人間の生死についてまで決定できる力にさらされているのである。アガンベンは，この生殺与奪をただ自らにのみ依拠して実行できる力のことを主権権力と呼ぶ。そして，その本来の機能を，まさしく剝き出しの生を生産することとして定義する。剝き出しの生は，生死に関する法権利の保護・媒介を一切剝奪されることで，いわば最も純粋な生として死にさらされている。それは，単に正当な法秩序から排除されているのではなく，排除されることを通して，法に依拠することなく創り出される法の内部へと限りなく包含されるのだ。

あらゆる国家領域への所属を失った「難民」も，一切の法権利の保護を一方的に剝奪される「テロリスト」も，剝き出しの生であるという点において通底しているのである。

ホモ・サケル

アガンベンは，剝き出しの生の生産は，古代からみられることだと述べている。そこで，ローマの古法から「ホモ・サケル」という形象を取り出してくるのである。ホモ・サケルとは，神の法の下にも，世俗の人間の法の下にも置かれていない人間の生である。それは言い換えれば，供儀の執行なしに殺害可能な生，そして，殺人罪という人間の法を犯すことなく殺害可能な生ということになる。

アガンベンは，このホモ・サケルを現代にまで持ち込むことで，あらゆる政治の端緒に，このような死にさらされた剝き出しの生の生産があると論じるのである。ただし，古代とは違って，近代においてこそ重要となる事実がある。それは，かつては秩序の周縁に位置していた剝き出しの生の空間が，しだいに国民国家の政治空間と一致するようになったということである。

西洋近代の民主主義革命以降，人々は市民として，人民として，各国家領域に政治的主体として所属していくことになる。だからこそ，自由や平等を体現する人間として，福祉国家の社会保障を享受できる人間として存在できるのである。しかしながら，アガンベンはこの近代における権利獲得の歩み自体が，逆説的に，私たちの全員がホモ・サケルとなる恐ろしい土台を提供してしまうのだと言う。「諸個人が中央の権力と衝突することで獲得する空間や自由や権利は，そのつど，諸個人の生が国家秩序の内に記入されることをも準備してしまう」。すなわち，私たちが権利を行使する近代的主体として存在できるのは，人間の生まれ nascita が国民 nazione として，一切の隔たりなく国家の秩序・領域へと刻み込まれている限りにおいてなのである。まさしくこれこそが，私たちが潜在的に秩序の宙吊りを通して，例外状態を通して主権権力へ直にさらされるための前提をこしらえてしまうのである。人間が，人権そして市民権を享受できるのは，生まれという自然な生が，ただ剥き出しの生として主権権力によって捉えられている限りにおいて，踏み込んで言うなら，潜在的に死へと露出されている限りにおいてなのである。人間が個人の自由の保有者であるのは，人間が剥き出しの生を，排除することを通して，密かに自らの内に内包してしまっているからなのだ。

テレビのニュースを観る「私たち」は，「難民」や「テロリスト」の生と無関係ではない。法権利を享受する「私たち」にも剥き出しの生が住み着いている。アガンベンは，この事実に真摯に向き合うことを怠ってきたとして近代政治を厳しく糾弾する。剥き出しの生こそが，近代政治の基礎にあり，国家の主権を基礎付けてきたのである。政治は生政治という観点から，徹底的に再考される必要があるのだ。

収容所

生まれが国民国家の領域と余すところなく一致するというのならば，地表が国家にほぼ埋め尽くされたグローバル世界のなかで，「難民」や「テロリスト」の生は，どこに居場所を見つけることになるのだろうか。それは「例外状態が規則になりはじめるときに開かれる空間」，すなわち収容所である。「生まれ（剝き出しの生）と国民国家のあいだの隔たりがますます拡がっているということこそ現代政治の新事実であって，我々が収容所と呼ぶのはこの隔たりのことである」。現代のグローバル政治においては，難民には「難民キャンプ」，テロリストにはキューバの米軍基地「グアンタナモ」という名の「隔たり」が与えられているのかもしれない。ただし，ここにおいても，生命保護の「難民キャンプ」と無期限の拘禁や拷問を伴う「グアンタナモ」の空間性を，安直な道徳的判断に基づいて対置してはいけない。なぜなら，イタリアの哲学者ロベルト・エスポジトが指摘しているように，現代世界においては，生命の保護が生命の殺害と，生が死と重なり合い，その容易な判別が不可能だからである。それゆえに，アガンベンは収容所についてはこう問うのだ。その空間で残虐なことがなされようがなされまいが，それが通常の法権利ではなく，暫定的に主権者として振る舞う人々の倫理感覚によって決まってしまうこと，そして残虐なことがなされても，それが犯罪としては現れることがないほどに人間が権利を剝奪される状況が具体化していることが問題ではないのかと。

生まれと国家領域の連関が危機にあるグローバル化時代においては，例外状態は誰によって宣言されるともなく出現し，収容所なる空間はそれと名付けられることもなく，どこかに生起しているのかもしれない。そうであれば，生きられるに値しないと密かに宣告を受ける剝き出しの生は，新たな主権的決定によってそのつど，パフォーマティブに生み出されていることになる。私たちは，この時空の微妙な変化を鋭敏に感知する必要があろう。

主権権力から解き放たれた生政治へ

アガンベンの立場からすれば，ネグリ＆ハートによって想定された，主権権力から能動的に離脱するマルチチュードの集団的行為を，解放の契機として手放しに賞賛するわけにはいかなくなる。秩序の外部へと離脱することだけでは，オルタナティブな生政治を切り開くことにはならない。というのは，離脱がたどり着く場所が，主権権力が最も苛烈を極める場所であるかもしれないからである。すなわち，例外状態である。解放される生は，例外を通して主権権力に包摂される生，剝き出しの生であるのかもしれない。

アガンベンは，収容所のような例外状態の真っただ中から，剝き出しの生からこそ，主権のくびきから解き放たれたオルタナティブな生政治が生まれる可能性を模索する。現代世界においては「私たち」の生き方自体が否応なく，剝き出しの生を排除しつつ包含することで，人権・権利の主体として主権的に構成されてしまっている。だからこそ，アガンベンのように，生と主権権力が媒介なしに重なり合うこの不分明地帯において，つまりは剝き出しの生において，そこから生起する生のあり方を探究することが重要なのである。アガンベンはそれゆえに，このような生をありのままに，生の潜勢力をそのままに考察することを要求するのだ。アガンベンの政治的思考は，この点へと収斂している。

ジョルジョ・アガンベン（Giorgio Agamben,1942- ）

美学・哲学・政治を横断するイタリアの思想家。「ホモ・サケル」をテーマにしたプロジェクトの３部作として，『ホモ・サケル』（第１部），『例外状態』（第２部第１分冊），『王国と栄光』（第２部第２分冊），『言葉の秘跡』（第２部第３分冊，未訳），『アウシュヴィッツの残りもの』（第３部）がある。その他翻訳として，『中身のない人間』『スタンツェ』『幼児期と歴史』『言葉と死』『バートルビー』『人権の彼方に』『イタリア的カテゴリー』『残りの時』『開かれ』『涜神』『思考の潜勢力』。

参考・関連文献

エファ・ゴイレン『アガンベン入門』（岩崎稔，大澤俊朗訳，岩波書店，2010年）その名も『入門』。ホモ・サケル論へなされた批判も整理。

岡田温司『イタリア現代思想への招待』（講談社，2008年）イタリア思想界におけるアガンベンの位置がわかる。

檜垣立哉『生と権力の哲学』（ちくま新書，2006年）アガンベンの生政治とフーコーの生政治の関連なら。

土佐弘之『安全保障という逆説』（青土社，2003年）国際政治におけるアガンベンの思想のアクチュアリティが垣間見れる。

北川眞也「グローバルなポストコロニアル状況の「収容所」 グアンタナモも，五つ星のホテルも，給水車のタンクも」（佐藤幸男，前田幸男編『世界政治を思想するⅡ』国際書院，2010年）「収容所」という空間に焦点を当てるなら。

（北川　眞也）

第5部

ヘゲモニーと複数性

ロバート・W・コックス

『世界秩序へのアプローチ』
Approaches to World Order, 1996

邦訳なし

――「グローバル・ポリティクス」を批判的に思考する――

現代世界における社会的不平等はどのようにして生まれてきたのか。より寛容で公平な世界秩序を創造する可能性をどのようにして見出していけるのか。今日の国際社会におけるグローバルな構造変動のなかで，これらの問いの重要性は急激に高まっているように思われる。不平等を生みだす歴史的・構造的過程を主流派の国際関係学・国際政治経済学理論は看過しているのに対し，世界秩序の基盤をなす社会・権力関係の変革が必要であり，またそれにいかなる思考様式の変革が必要かを唱えた，コックスの選集が本書である。なかでも，1981，1983 年に雑誌 Millennium に掲載された論文（本書 6，7 章）は，1980 年代後半に起こった「批判的転回（普遍的に有効とされる法則の存在を前提とした社会科学への批判）」の火付け役として国際関係学に衝撃を与えた。そこで，これら二つの論文を中心に，コックスが「ヘゲモニー」などのグラムシの概念を基調として開拓した，いわゆる「ネオ・グラムシアン」と呼ばれるグローバル政治経済へのアプローチを概観していこう。

「処方箋」ではなく，「批判的想像力」のために

「理論は常に誰かのため，何らかの目的のために存在している」というコックスの言葉は，すべての「理論」が中立的なものでなく，特定の時空間におけるイデオロギーやパースペクティブに影響された政治的行為であるとの警鐘であった。この「理論観」にしたがって，コックスは，国際関係学理論を「問題解決理論」と「批判理論」とに大別する。新現実主義に代表される主流派の問題解決理論は，既存の世界秩序を行為のための所与の枠組みとみなす。一方，批判理論は，既存の秩序を暗黙の前提とするのではなく，その秩序がいかに生まれたのか，またその歴史的な変動がいかなる矛盾や対立を伴ってきたのかを問う。こうした違いは，理論の目的だけではなく倫理的観点の相違も意味する。すなわち，現行の支配的な社会・権力関係が構成する既得権益構造を維持し，そしてそれらの関係が組織している制度などを円滑に機能させるために，支障となる問題とその原因を特定し「処方箋」を記すことを目的とする問題解決理論とは対照的に，批判理論は，世界秩序の起源や歴史的変化の過程を分析しながら，不平等などの問題を生み出す現在の社会を変容させて実現可能なより良い（alternative）秩序の範囲を「批判的に想像」しようとする。

問題解決理論は，コックスが論じているように，二極化された冷戦時代のように国家間システム内に外見上の安定性が仮定された状態において，限られた期間内に特定の社会関係，制度や行為がどのように作用するのかを評価するのには有効である。だが，その有用性は，本来変化しているはずの社会的・政治的秩序を非歴史的に実体化（reify）し，そのなかで「国家」を国際関係における唯一の「普遍的」な構成単位であるとみなす誤った仮説に基づいている。

このような仮説が成り立つのは，問題解決理論が実証主義に依拠しているからである。実証主義とは，静的もしくは共時的（synchronic）な視点から，第三者的に観察された出来事を簡潔に「描写」するための「絶対的」あるいは「超歴史的」な知（法則や規則性）を科学的な分析手法を中心に探求する思考である。要するに，この思考様式を前提とした問題解決理論では，複雑に絡み合った政治的・経済的・社会／文化的勢力の隆盛と衰退，あるいはそれらに伴って生じる世界秩序の構造変動を通時的（diachronic）に「理解・説明」できないのである。

こうした限界を踏まえて，コックスは，実証主義とは対照的な歴史主義を基盤として批判理論を展開した（本書4章も参照）。ここでいう「歴史」とは，単に過去の出来事を時系列的に並べた記録のことではない。それは，集合的な人間の活動が形成し変容させる一定の永続性を持った社会的規範，法則や習慣のなかで起こる過去と現在の継続的な対話を弁証法的に捉えたものである。換言するならば，歴史主義に結びついた批判理論は，社会諸勢力の配置・転換過程における構造と「国家」に限定されない行為者（エージェント），つまり対象と主体の相互作用に着目する。これがコックスの言う「歴史的構造」の方法論である。こうしたコックスのアプローチは，現在，国際関係学において革新的な理論の発展が求められるなかで，最も影響力をもつ「批判」理論として注目を集めている。

ネオ・グラムシアンの「ヘゲモニー」論

コックスの批判理論アプローチは，グラムシのヘゲモニー論をグローバルな権力関係の分析に援用したところに大きな特徴がある。グラムシの議論は，資本主義社会における支配的な勢力が強制と同意の組み合わせ（物理的な物質力と倫理・政治的な観念との調和）によって被支配的な勢力の黙従を維持する権力構造を「ヘゲモニー」と明言した。この概念を手がかりに，コックスは，新現実主義が主張する国家間の経済・軍事力による物理的な支配という一面にのみ注目する覇権安定論とは異なり，国際政治－経済，さらに文化的領域も含めたグローバルな社会関係に焦点を当てる包括的なヘゲモニー論を提示した。コックスによれば，世界秩序においてヘゲモニーが存在するということは，「［動態的な生産力と蓄積された資源からなる］物質的な力の配置状態，（ある種の規範を含む）世界秩序に関する広く共有された観念，一定の普遍性があるように見える（つまり特定の国家の支配の明白な道具としてではなく）秩序を管理する一連の制度が，重なり合って一貫性をもつようになった状態，ないしはそれらが互いにうまく対応している状態」を基礎とした相対的な安定性を指す。

コックスは，ヘゲモニーの構成要素である物質的な力，観念と制度が，三つの主要な「レヴェル」もしくは「活動領域」からなる歴史的構造のなかで相互作用を展開する社会諸勢力であると定式化する。三つのレヴェルとは，①生産の社会関係（社会諸勢力を生み出す物質，制度そして言説的形態を総体として包含する社会関係），②国家形態（国家と市民社会との複合体），③世界秩序（諸国家が全体として形成する調和や混乱・紛争状態のあり方と，より良い秩序の発展の見込みを常に規定している諸勢力の配置状況）である。このように定式化すると，グローバル規模でのヘゲモニーは，強力な国家による支配を必要条件としても十分条件とはしない。むしろ，その存在は，国家や国境を越えて活動する市民社会勢力に対する行動基準を定める世界的な規範，制度や体系とともに，生産の支配的態様（mode）

を支える規則によって表現される。別様に言えば，コックスがこのように発展された「歴史的構造の社会存在論」は，ヘゲモニー的な世界秩序が初めは国家内で主導的地位を占める社会諸勢力によって構築され，さらにそれらが様々な行為主体によって相互主観的に共有されることで「客観的な」世界の一部を形成していくプロセスに光を当てる。

こうした歴史的構造の社会存在論という分析枠組みにおいて，コックスはヘゲモニーが決して完全ではないと強調した。それはなぜなら，優勢な秩序の抑圧に対して抵抗する勢力や秩序内で起こる矛盾が既存の社会・権力関係を転換させる可能性を，常に内包しているからである。こうして，コックスは，1970年代以降，生産の社会関係における根本的な構造変革は，国内圧力を世界経済の要求と調和させるメカニズムを作り出した米国主導のヘゲモニー的な戦後世界秩序（いわゆるパックス・アメリカーナ）の危機を引き起こしていると論じた。「権力と生産との間の相互関係」の歴史的考察をハロッドとともに行うなかで，このヘゲモニーの危機論は詳細に展開された。

国家・生産の国際化と対抗ヘゲモニーの可能性

上述の研究の土台となった1981年論文で，コックスは，1970年代から始まった戦後世界秩序の構造変動はグローバル資本主義内で支配的な多国籍企業の経営者や政府高官などからなる「トランスナショナルな管理者階級」によって進展された「国家の国際化」と「生産の国際化」によって大きく特徴づけられると指摘した。国家の国際化という視点によって，「国家の政策や実践が世界経済の必要性に応じて調整されるグローバルなプロセス」，すなわちグローバルな資本主義経済の拡大に対応する国家の形態と機能の質的変化が明らかとなった。国家の国際化と呼ばれる米国主導のヘゲモニーの変動プロセスは，彼とともにネオ・グラムシアン・アプローチを代表するギルの研究，特に日米欧委員会の分析によってさらに詳細に紐解かれた。

さらに，国家の国際化は，従来の国際分業を空間的に再配置しフレキシブルな資本蓄積を可能にする生産構造の再構成，つまり生産の国際化との密接な結び付きにおいて理解される必要がある。生産の国際化とは，端的に言えば，「ひとつの過程の異なる段階が違った国々で行われることによる生産過程のトランスナショナルな次元での統合」を意味する。この場面で，コックスは，生産の国際化によって生じた資本と労働者内の分裂に注目した。資本について言えば，国際的な生産システムと結びついた資本と，グローバルな市場競争に直面し保護主義を要望する国家内での生産を行っている資本との対立が生じている。一方，労働者に関しては，彼女・彼らを分断している二つの境界線がある。ひとつは，資本の対立を反映して，多国籍企業で働く労働者と国内企業の労働者の間に走る境界線である。もうひとつは，相対的に安定した雇用が確保されている既得権層化した（established）労働者と，周辺的な労働市場において派遣やパートタイムなどの不安定な就労を強いられている既得権層外の（nonestablished）労働者の間の亀裂である。このような対立関係を検証しながら，コックスは，グローバル化する経済環境のなかで拡大している既得権層外の労働者が，ヘゲモニーを獲得しようとする国際的な資本への対抗勢力となりうると示唆した。

ここで特筆すべき点は，コックスが，「グローバリゼーション」が1990年代に国際関係学のなかで一種の流行語になるはるか以前に執筆された1981年論文のなかで，こうした国家形態や生産の社会関係における構造変動について議論していたことである。別様に言えば，彼の挑発的で洞察力に満ちた批判理論は，新自由主義のイデオロギーによって激しく推し進められる現代世界秩序の変動を批判的に考察し，より良い秩序を構築する可能性を分析するための重要な視座を提供している。実際に，コックスらによって開拓されたネオ・グラムシアン・アプローチは特定の強固な「学派」を築いているわけではないが，その理論はフェミニズムの議論と結びつけられたり，コミュニケーションや労働移民の研究に拡張されるなど，国際関係学・国際政治経済学の批判的発展に依然として寄与し続けている。

ロバート・W・コックス（Robert W. Cox, 1926- ）

カナダの国際関係学・国際政治経済学者。ヨーク大学名誉教授。四半世紀（1948-1972）を国際労働機関（ILO）の公務員として過ごした後，学究に転身した。グラムシとならんでヴィーコ，マルクス，ポランニー，ブローデルなどの思想に影響を受けて批判理論を展開した。ちなみに彼自身は，自らの理論は折衷主義的であり，広く使われている「ネオ・グラムシアン」という呼称は的確ではないと強調している。主な著作に，『生産，権力と世界秩序』『多元的世界の政治経済学』など。

参考・関連文献

Isabella Bakker and Stephen Gill, eds, Power, *Production and Social Reproduction: Human In/security in the Global Political Economy* , Palgrave Macmillan, 2003.

コックス「社会勢力，国家，世界秩序　国際関係論を超えて」（遠藤誠治訳，坂本義和編『世界政治の構造変動２　国家』岩波書店，1995年）

Matt Davies, *International Political Economy and Mass Communication in Chile: National Intellectuals and Transnational Hegemony*, St. Martin's Press, 1999.

スティーブン・ギル『地球政治の再構築　日米欧関係と世界秩序』（遠藤誠治訳，朝日新聞社，1996 年）

アントニオ・グラムシ『グラムシ獄中ノート』（獄中ノート翻訳委員会訳，大月書店，1981 年）定本になっているV・ジェルラターナ編による獄中ノートの翻訳であるが，全訳は未公刊。それ以前の版の抄訳としては，『グラムシ獄中ノート』（石堂清倫訳，三一書房，1978 年）などがある。

（大貫　裕則）

エルネルト・ラクラウ，シャンタル・ムフ

『ポスト・マルクス主義と政治』

***Hegemony and Socialist Strategy: Towards A Radical Democratic Politics*, 1985**

山崎カオル訳，大村書店，1992 年

――実践主義の政治理論の確立――

革新的かつ論争的な理論書

本書は，マルクス主義が掲げる社会変革のテーマをポスト構造主義の視角から刷新した野心的な理論書である。刊行当初から多くの反響と論争を呼び，今日においても左派政治の展望を語る上で外すことのできない基本書として，英語圏のみならず，東欧，ラテンアメリカ，ドイツ，フランスにおいても読まれている。また，本書において提示されている様々な理論的示唆は，政治学分野にとどまらず，社会学・人類学・文学理論・ポストコロニアル研究・開発研究などの多様な研究領域において議論されている。

本書が執筆されるにいたった背景には，1960 年代後半から 1980 年代初頭にかけて起こった左派政治の実践形態の変化と，1970 年代以降の英語圏において展開されるポストモダン論争が関連している。伝統的なマルクス主義は，資本主義社会における権力構造を資本家と労働者から構成される階級関係でとらえ，労働者階級の連帯を基盤とする社会闘争を通じて社会主義革命を起こすことを社会変革の目標としていた。ところが 1960 年代以降の世界においては，社会闘争を経済的な階級関係に還元することは難しくなり，フェミニズム運動・人種差別反対運動・平和運動・エコロジー運動などの多様な社会的要求の間に連帯を形成することが社会変革の鍵となってきた。このような複雑で多様な現実に対応するために，左派政治の理論的支柱を担ってきたマルクス主義理論の枠組みを抜本的に改変させる必要性が生じてきたのである。

1970年代に入り，フーコー，ボードリヤール，リオタールなどのフランスのポストモダン思想が英語圏にも紹介されるようになった。これらの思想は西洋近代文明が掲げる合理主義・人間主義・啓蒙主義の諸価値の普遍性を疑い，世界に存在する多様な言語ゲームや価値体系を承認することを主張した。このような考えはしかし，リオタールなどをして極端な相対主義を標榜するに至り，これに対してドイツのフランクフルト学派の代表格であるハーバーマスは西洋近代の啓蒙プロジェクトの普遍性を擁護することとなった。いわゆる「リオタール（相対主義）対ハーバーマス（普遍主義）」論争の始まりである。この状況に応答する形でラクラウ＆ムフは，絶対的な相対主義と教条的な普遍主義のどちらにも陥らない中間的な領域で政治理論を刷新する必要性を強調した。そのような試みを具現化したのが本書『ポスト・マルクス主義の政治』である。

マルクス主義理論をどのように乗り越えるか

近代政治理論におけるマルクス主義の貢献は，社会秩序に内在する権力関係を問題にする点にある。たとえば自由主義思想の伝統においては，社会秩序は自然人としての個人が社会契約をかわすことによって成立し，社会におけるすべての成員は法の下での平等を保障されると考えられる。対照的にマルクス主義理論においては，人間は社会的存在であり，各人を取り囲む社会関係——特に生産様式——によって規定されると考えられる。各人・各集団は経済組織や他の社会組織を成立せしめる権力関係に組み込まれており，それゆえに社会は不均等であり，かつ分断されている。したがって社会変革は，異なる利害関係にある社会集団の間の不均等性や構造的格差を漸次的に解消することで達成される。伝統的なマルクス主義では，近代社会における利害関係は資本主義生産様式における階級関係に基づいて説明されてきた。生産手段を所有する資本家階級と，生産手段を所有しないために自らの労働力を商品として売る労働者階級である。資本家は利潤を上げるために労働者を搾取し，労働者は資本家による支配から自らを解放するために互いに連帯し社会闘争を行う。マルクス主義理論のほとんどはこのような経済決定論に基づいて社会の歴史的動態を説明しようとしていた。

しかし，先に触れたように，1960年代以降の社会運動はこのような階級関係に基づいては到底把捉できるものではなくなり，社会的要求の多様性を前提とした上で社会変革への道筋を構想せざるを得なくなった。そこでラクラウ&ムフは，マルクス主義の伝統に根深い経済決定論を脱構築することを目指す。彼らは，これまでマルクス主義の伝統において経済決定論の限界を克服しようとしたが最終的に失敗してきた幾人かの思想家（ソレル，グラムシ，アルチュセール）を再検討する。これらの思想家の批判的な読解を通じて，ラクラウ&ムフは，経済領域に対する政治と文化の自律性を主張し，経済活動の組織化は，社会における物質的諸制度・諸活動に意味を与える集合的な精神構造の生産——グラムシとアルチュセールの言葉では「イデオロギー」，ソレルの用語では「神話」——と不可分であると指摘する。かくしてラクラウ&ムフは，マルクス主義の伝統である経済決定論を退け，社会における多様な要求の間に分節化を生む多元的で複雑な社会運動の実践によって政治の地平を拡大させることこそが資本主義社会における支配の構造を転換する鍵となる，と主張する独自の政治理論を確立するにいたったのである。

政治をどのように説明するか——分節化の実践

原題に表されているように，本書の主題は，マルクス主義において議論されてきた「ヘゲモニー」概念——とくにグラムシの——を急進化させることにある。しかし，ラクラウ&ムフが展開するヘゲモニー概念の再検討において中心的な役割を果たすのは，「分節化（節合）」（articulation）である。彼らは分節化という概念を，グラムシの批判的な読解を通じて導き出している。分節化とは，社会に存在する多様な要求を互いに連結していく実践のことを指す。この分節化が意味するところは，少なくとも次の四点である。①社会秩序の偶発性のテーゼ——社会秩序は元来固定化したものではなく，様々な要求が分節化した結果である。②反本質主義のテーゼ——個々の社会的要求はそれ自体が固定不変の意味を有しているのではない。ある社会的要求の意味（例えばエコロジー運動）は，他の社会的要求（例えば反原発運動，人権運動）と連結したときにはじめて決定される。社会的要求の意味やアイデンティティは関係性の産物である。③社会秩序の不完全性・開放性のテーゼ——分節化の実践は，既存の社会秩序において満たされていない要求を現前化し，満たそうとする試みである。言い換えれば，分節化とは，別なる存在の可能性を表象することで，既存の社会秩序を転換・壊乱させる実践のことである。④超越論的な認識主体の不在のテーゼ——分節化の実践は，ある社会的要求を代表・表象する当事者（行為主体）が，別の社会的要求を代表・表象する他の行為主体に働きかけるまさにその過程の中で営まれる。分節化はプラグマティックな実践であり，哲学者・理論家が社会的実践の意味を一方的に判断・決定することはできない。

本書第３章においては，「言説」「重層決定」「象徴秩序」「アイデンティティ」「主体位置」「アンタゴニズム」など，ラクラウ＆ムフの理論に特有の概念が立て続けに導入されているが，これらの概念はいずれも，上述の「分節化」概念を構成する四つの次元を説明するためのものである。

要約するならば，本書においてラクラウ＆ムフが取り組んでいることは，民衆の社会的実践の多元性と複雑性を認め，これらの多様な社会的実践が生み出す偶発的な社会変革の可能性に正統性を与えることである。何らかの理論的枠組みや倫理・哲学によって社会運動に先験的な原理・当為・価値判断を与えるのではなく，社会運動を実践する当事者たちが，自らの社会的要求を表象しようとする行為を通じて生み出される集合アイデンティティ構築の論理を説明しようとするのが本書の目的である。また，そのような社会行為の多様な可能性を開いていくことこそが，民主主義を深化させることにつながることを本書は示唆している。

実践主義の政治理論の確立へ

刊行当初より，本書は，英国マルクス主義を巡る論争の歴史的背景とポスト構造主義の思想・哲学の十分な理解を要求する高度な理論書として位置づけられ，英語圏や日本の学界でもそのようなものとして読まれてきた感がある。しかし本書でラクラウ＆ムフが説明していることは，思弁的というよりはむしろ非常に実践的なことであり，社会運動に少しでも関わってきた者であれば，政治理論や現代思想の知識がなくても経験的に理解できることである。つまり，その語り口や論証方法に反して，本書は多分に実践主義的な政治理論である。それゆえに本書は，社会運動に取り組んでいる人々には，各人が関わっている社会的文脈にしたがって多様に解釈され応用される豊かな可能性を有している。他方で，社会運動に従事した経験のない政治理論研究者や思想研究者が本書を研究の対象にしたとしても，ラクラウ＆ムフが提供する概念の微妙なニュアンスや解釈の多様性の醍醐味を深く把捉することはできないかもしれない。ラクラウ＆ムフの仕事に対する政治学者・思想研究者たちの一般的な印象とは裏腹に，本書は多分に実践的な著作であることは，強調しすぎてもしすぎることはない。彼らの他の著作も，実践主義的な視角から今後議論されていくことが必要である。

エルネスト・ラクラウ（Ernesto Laclau, 1935- ）

　アルゼンチン生まれの政治理論家。ブエノスアイレス大学で歴史学を学んだ後に，同国の民族左派社会主義党の一員として活動する。1969年に英国に「亡命」し，エリック・ホブスボームの支持でオックスフォード大学に入学。その後，エセックス大学で政治学の博士号を取得。独自の言説理論に基づく政治理論を確立。とくにラテンアメリカのポピュリズムをラディカル・デモクラシーの視角から再検討する著作が有名。主な著作に，『資本主義・ファシズム・ポピュリズム』『偶発性・ヘゲモニー・普遍性』（J・バトラー，S・ジジェクとの共著）など。未訳書の重要文献としては，『われわれの時代の革命についての新たな省察』『様々な開放』『ポピュリズムの理性』がある。

シャンタル・ムフ（Chantal Mouffe, 1943- ）

　ベルギー生まれの政治理論家。現在，英国ウエストミンスター大学政治学・国際関係学部に所属。グラムシ理論の研究から始め，フェミニズムや市民権に関する論考を多数発表。1990 年代以降は，カール・シュミットの政治哲学の再検討に関して，英語圏でパイオニア的な役割を果たす。フランスの「社会科学における反功利主義運動」（通称 MAUSS）の一員でもあり，クロード・ルフォール，コルネリュウス・カストリアディス，アラン・カイエらとの交流も持つ。主な著作に，『政治的なるものの再興』『民主主義の逆説』『カール・シュミットの挑戦』『政治的なものについて』など。

参考・関連文献

布施哲『希望の政治　テロルか偽善か』（角川学芸出版，2008 年）

向山恭一「ラディカル・デモクラシー　「政治的なもの」の倫理化に向けて」（有賀誠，伊藤恭彦，松井暁編『ポスト・リベラリズム』ナカニシヤ出版，2000 年）

向山恭一「多元主義　「棲み分け」から「共生」へ」（有賀誠，伊藤恭彦，松井暁編『現代規範理論入門』ナカニシヤ出版，2006 年）

（中野　佳裕）

エティエンヌ・バリバール

『ヨーロッパ市民とは誰か　境界・国家・民衆』

***Nous, citoyens d'Europe? : Les frontièrs, l'État, le peuple,* 2001**

松葉祥一，亀井大輔訳，平凡社，2007年

――国境を越える市民権とは何か――

市民権を考える試みとヨーロッパ統合

そもそも，「ヨーロッパ市民とは誰か」という問いかけに，違和を感じる読者は多いだろう。その違和感は，ヨーロッパから遠く離れ，「極東」に位置する日本だけでなく，「ヨーロッパ」の中でも根強い。まして今日では，違和感からあきらめや断念へと近づいているかもしれない。2010年に入り，ギリシャの財政赤字に端を発したユーロ危機のさなか，英国の日刊紙であるガーディアン紙に，「ヨーロッパとは，死亡した政治プロジェクトである」というバリバールの論文が紹介された。その中で，現状のままではEUの終わりの始まりが予見されると主張されている。ということは，「ヨーロッパ市民」も見つかる前に消えてしまうのだろうか。

バリバールと同じく，フランス出身の社会学者であるレイモン・アロン（Raymond Aron）は，1974年に発表した「多国籍市民権は可能か」という論文の中で，ヨーロッパ市民（European citizens）の存在を否定している。アロンによれば，フランス，ドイツ，イタリアに市民がいるだけで，市民が複数の政治体に同時に属すること

は不可能である。人権とは国民国家の境界内でのみ，現実のものとなるという主張だった。1957年に，モノ・ヒト・サービス・資本の自由移動及び競争政策からなる「共同市場」成立を目指したローマ条約が，ベルギー，オランダ，ルクセンブルグ，西ドイツ，フランス，イタリアの6カ国によって調印された。その後，北や南へと加盟国を増やしてきた現在の欧州連合（EU）は，2004年および2007年には東方に拡大し，旧社会主義国10カ国を含めて，加盟国が27カ国となった。1993年にはマーストリヒト条約が発効し，その中で「連合市民権（いわゆる，EU市民権）」が誕生した。バリバールの望むヨーロッパ市民と，93年誕生のEU市民権の資格保有者，アロンの否定したヨーロッパ市民の三者の関係――どこが同じでどこが違うのか――が，本書を理解する上で重要となる。

本書は1995年から2001年にかけて書かれた，12の論考を集めたものである。2004年に出版された英訳版が仏語版とは編集が異なるのに対し，2007年に出版された日本語訳は原著の全訳である。1990年代に入ってから，社会科学の分野で市民権に関する研究が再燃してきた。市民権研究の分野では，本書は国境を越える市民権の萌芽的形成およびその発展を強調する，一連の議論に連なるものとして扱われることになる。「市民権の拡張（expansion）」に着目する議論は，「市民権の包摂性（inclusion）」，「市民権（もしくは市民性）の衰退（withdrawal）」，「市場経済による市民権（特に社会的権利）の浸食（erosion）」とならんで関心を集めた。特にEU市民権の誕生にともない，国家の領域・管轄権と密接に結びつけられた形の市民権の変容を示唆する論考が，西欧・北米の学界で特に急増する。その中で，「人であること」を根拠に付与される，国籍とは切り離された脱領域的な「トランスナショナル市民権」の出現が予測され，EU市民権がそのプロトタイプと考えられた。

実際，本書の英語訳では「トランスナショナル市民権に関する考察」という副題がつけられている。バリバール自身も本書の第7章「暴力とグローバリゼーション」の中で，アーレントに言及しつつ次のように述べる。市民権は「絶えざる再創造の過程」にあり，その「未完の」市民権を構成する諸権利へのアクセスを民主化されることで，人権は市民権の「手前や上位にある」のではなく，「同時的であり相即的である」。アロンが想定し，その実現可能性を否定したヨーロッパ市民権とは，フランス，ドイツなどの国家への帰属を前提として，それを基に「ヨーロッパ的な」権利と義務の場への参入を認めるという，バリバールの言うところの「ヨーロッパ人の市民権」である。しかし，まさにEUで構築されつつある市民権が，ヨーロッパに居住するEU域外出身の移民労働者を「2級市民」扱いする，この「ヨーロッパ人の市民権」であることを，バリバールは批判する。EUが目指すべきは，「ヨーロッパが前進させたい公民権とその進展の空間の観念」を意味する「ヨーロッパ的市民権」，さらにはヨーロッパ建設の支柱となりうる，「開かれた，国家横断的な市民権」であると主張した。

「ヨーロッパ市民」の作り方

一体，EUとはいかなるものなのか。国家には，国境によって維持される領域組織という側面と，国民の集団という成員組織の側面がある。EUは経済統合を目的として，複数の国家の連合体として創設された。その後，領域組織としてのEUの域内と域外を隔てる境界線については，その拡大方法の是非や基準について活発な議論が続けられる。一方，成員組織としてのEUについては，長い間，域内移動の自由を享受する者の定義に関心が集中していた。つまり，経済統合をめざすEUとして重要なのは，「物，人，サービス及び資本の自由移動が……確保される，内部に国境のない地域」（EC条約第14条2項）の指し示す「人」の範囲の決定であって，EUを構成する成員資格を定義する必要はなかった。

しかし，マーストリヒト条約によって状況は変わる。この条約によって創設されたEU市民が，成員組織としてのEUの中核を構成することになった。国家が存在するためには，国境内に住む人々の間に国民と外国人が区別され，それが維持される必要がある。国民の範囲を決定することは，国家の存続に必要な資金（租税）や軍事力（徴兵）などを確保するために不可欠であるし，国民の範囲が確定すれば，失業給付や児童手当，国民年金や医療保障といった，いわゆる福祉制度の導入も進む。そのため，原則として成員の決定は各国政府の独占管轄事項で，だれも口出しをすることはできない。EUの成員資格はEU加盟国の国籍を基に，加盟国国民全員に付与される。その上で，EUにとって最大の懸案事項であったEU域内の移動・居住の自由は，EU市民権保有に基づく権利に含まれることになった。つまりEUは，政治体として自らの成員を決定する能力を持っていない。EUの成員資格が問題となるはるか以前から，加盟国はどこも自らの国家の成員（国民）を定義・決定するための制度の確立に努めてきた。そこでEUは，各国の成員認定を自動的に受け容れ，その総和をEU市民権保有者とするという方法をとることになった。

周知の通り，市民権を保有するということは，ある政治体の成員という法的資格を保有することを意味するだけではない。市民権保有に基づき，権利が付与されたり義務を履行したりする必要が生まれる。また，成員資格としての市民権が，資格保有者と政治体及び資格保有者間をつなぐアイデンティティの源にもなっている。実際，マーストリヒト条約以降のEU市民権の問題は，先述のアロンが指摘したとおり，EU市民が日常生活で認識するのが国籍国の一員としての自らであり，成員組織としてのEUの一員であることのアイデンティティを持つ必要がないという点である。というのも，そのようなものがなくても，加盟国の国籍保有者にはEU市民権は付与され，EU市民としての権利を享受できるからである。加えて，EUの地理的範囲内に住む人々の中には，「EU市民＝加盟国の国民」だけでなく，EU域外からの長期または短期の滞在者もいる。長期もしくは短期滞在者の場合，滞在目的（労働や就学），法的地位（正規か非正規）などによって，その立場はさらに細かく分かれることになる。

結局，現行の制度が要請しているのは，せいぜい「ヨーロッパ人の市民権」であり，「ヨーロッパ的市民権」ではない。EUアイデンティティの形成に向けた試みは，以前から続けられてはいる。EU議会の権限の強化や，EU市民に認められている，域内居住国における地方選挙とEU議会選挙における選挙権・被選挙権の付与などは，その一例であろう。しかしながら「ヨーロッパ人の市民」は，ヨーロッパ市民権が「開かれた，国家横断的な市民権」という，真のトランスナショナル市民権となることを望んでいるのだろうか。というのもそれは，成員組織としてEUを考えた場合，①その国籍国に居住しているEU市民（国民であるEU市民），②国籍国外に居住しているEU市民（国民でないEU市民），③いずれかの加盟国における長期滞在第三国民（永住資格を持つ第三国民），④③で域内国境を移動した者（永住資格を持たない長期滞在第三国民），⑤いずれかの加盟国における合法的短期滞在者，⑥⑤で域内国境を移動した者に加えて，⑦非正規移住者，⑧難民，⑨ EU 加盟国国民以外の者（外国人）といった，多様な法的資格保有者それぞれに対し，広く権利を認めていくことを意味する。しかし領域組織としての EU においては，域内居住者を法的に詳細に区分けし，包摂したり排除したりする内的国境の機能が，これまでにもまして増大している。このような現状を前に，ヨーロッパ的市民を求めるバリバールの願いは届かない。

「ヨーロッパ人の市民権」から「国家横断的な市民権」へ？

確かに市民権は，バリバールの言うところの「絶えざる再創造の過程」にあり，「「未完の」市民権」としてしか存在しえない。市民権のこのような特性が，冷戦後の 1990 年代のように，時代が変革する際に市民権をめぐる研究が再燃する大きな理由だろう。

市民権の変容性に私たちは引きつけられ，期待してしまう。しかし市民権の変容性とはまた，市民権の姿は個人と政治体のプラグマティックな対応によって形成され，反映していることを物語る。つまり，「ヨーロッパのアパルトヘイト」をうみだすような，現在の EU 市民権のあり方――ヨーロッパ人の市民権――は，EU の制度的発展の過程で生じた現実である。それに対し，バリバールは反転のきっかけを模索する。しかし，国家横断的な市民権にむけて，バリバールが訴える「諸境界の民主化」はどのように実現するのか。これはヨーロッパのみが抱える問題ではない。日本においても，外国人労働者受け容れや外国人参政権が議論されているように，なにものの浸透も許さない（はずの）国境と市民権の結びつきが揺らいでいる。ヨーロッパのアパルトヘイトだけでなく，世界のアパルトヘイトという現状を前に，バリバールの願いを検討する意義は高い。

エティエンヌ・バリバール（Étienne Balibar, 1942- ）

フランスの哲学者。主な著作に，『資本論を読む』（アルチュセールらとの共著）『史的唯物論研究』『人種・国民・階級』（I・ウォーラステインとの共著）『大衆のおそれ』『市民権の哲学』『ヨーロッパ，憲法，境界』など。

参考・関連文献

宮島喬『一にして多のヨーロッパ　統合のゆくえを問う』（勁草書房，2010年）ヨーロッパ人の市民権にとどまらず，ヨーロッパにおける市民権の現状および可能性を論じている。

セイラ・ベンハビブ『他者の権利　外国人・居留民・市民』（向山恭一訳，法政大学出版会，2006年）国境と市民権の結びつきのゆらぎを分析。アレントからEUまで幅広く論じている。

（柄谷　利恵子）

ウィリアム・E・コノリー

『プルーラリズム』
***Pluralism*, 2005**

杉田敦，鵜飼健史，乙部延剛，五野井郁夫訳，岩波書店，2008年

──ポストモダン政治理論からみたグローバリゼーションの現在──

なぜ人は他人が自分とは異なっているということを世界の豊饒さとして受け容れず，逆に理解できない存在として憎み，ときにそれを消去したいと考えるのだろうか。コノリーのプルーラリズム（多元主義）の議論は，単純な理解によって抜け落ちる世界の複雑さに対して敏感でいさせてくれるし，また他者との負の関係性に陥らないようにするための処方箋をも提示してくれる。その際，鍵となってくるのが二つの「市民的徳」である。

アゴーン的な敬意と批判的応答性

一つが，「アゴーン的な敬意（agonistic respect）」。つまり，異なる信条や立場の間での争いはあるものの，その差異に対しては敬意を払うことである。これは「リベラルな寛容」とは異なる。なぜなら，リベラルな寛容は，「多数派」がマイノリティに対して提供してやるものという立場上の上下関係が見え隠れし，そのことが侮辱と苦しみを与えかねないからである。また，リベラルな寛容は「宗教」を政治に持ち込まないことを要求するがコノリーは「公的領域に参加する際，……信仰を家の中に置いてくる必要はない」と論ず

る。つまり，他者を理解し，共存するためには他者の中核的信念を深く理解する必要があるとする。それは公私の線引きにこだわるリベラリズムの流れとは一線を画するものであり，そのことが自ずと「市民的徳」の中身を全く別物にする。

もう一つの徳とは，「批判的応答性（critical responsiveness）」だ。これは他者の意見を注意深く聴くことと寛大さによって構成される。間違っても，他者の異なる立場に対して「批判的」に応じることではない。そうではなくて，もしあなたが批判的応答性のエートスを涵養しようとするならば，自己の確立された価値観やアイデンティティを一旦疑ってみたり，凝り固まった信念や価値観を揺さぶり，（未だ明確化していないものも含めた）他者を承認し，既存の他者との関係で構築された判断・正義・アイデンティティ・正統性の基準の修正を図ることまでを含む。それによって，自身が理解できない他者を危険な存在として位置づけてしまうことを回避できる。アゴーン的敬意が確立された価値観同士の関係を想定しているのに対して，批判的応答性は現在進行中の多様な可能性を含んだ運動なのである。まさしく考えや判断が生成変化していく過程といえる。

この二つの所作をどの程度行えるかが，「生成の政治」のダイナミックな展開にとっての鍵となる。というのも，現代世界ではあらゆる領域で生活のテンポが加速しており，突如パラレルな運動が交差することが頻繁に起こりうる状況となっているからである。もちろんこうした生成の政治が，常に肯定的な共振を生みだすわけではなく，ときに否定的共振（例えば資本主義と福音主義の共振など）が起こりうることは彼自身自覚している。例えば，宗教的に統一された国民国家のような形態を追求していけば，迫害，強制的改宗，難民，ボート・ピープル，テロリズム，民族浄化といったことは十分に起こりうると指摘する。

コノリーは，無宗教で労働者階級の家に生まれ，幼少期ミシガンのフリントで育ち，周囲は南部バプテスト連盟に属する人々が多く，親は教会に行くことを許したが，結局特定の宗教を信奉することにはならなかったと語っている。こうした経験は，人々が様々なところから宗教的インスピレーションを引き出していることを彼に理解させ，彼の多元主義を構成する土台となっている。

深い多元主義——心底に横たわるもの

もちろん深い多元主義が射程とするのは宗教に限らない。コノリーの存在論に立脚すれば，「世界には人間だけでなく，それ以外の行為者も存在しているということになる。溶岩流，ウィルス，遺伝子，動物，さらには，人間の身体－脳のネットワークをめぐる電気化学の流れ，これら多くの力は行為体の特徴を幾分かは帯びている」と論じる。つまり，一見，関係のないようなくず（litter）を重視し，愛し，世界に多様な信仰が花開くのを心底に横たわる領域で認めることで苦痛の軽減が可能だと考えるのである。

ここでいう「心底に横たわるもの（the visceral）」というのは，知性を構成する理性とは対照的に，情動に質感を与え，知性を方向づけるものである。もちろんそれは討議や対話によって簡単に修正されるようなものではない。逆に何気なく触れる日常生活の小さな事柄——イメージ，リズム，概念，におい，触覚，音響など——が，われわれの知覚，判断，行為に先行する気質に寄与するものとみている。それゆえ彼は，それらを触発し，共振させるメディアの絡むミクロ政治学に熱い視線を投げかける。したがって，彼にとっては文化生活の心底に横たわる次元にまで踏み込めるかどうかが，政治にとってのもう一つの賭け金であり，深い多元主義に至れるかどうかの分岐点となる。ここでいう深い多元主義とは，まさしくカント哲学者にとっては受け容れがたい情動，感情，欲望，情念といった「異質な」要素を道徳性の中に織り込むことである。

国家への関わり

このようなコノリーの立場を見ると，あたかもミクロ政治にだけ関心を持ち，制度の議論が出来ないという批判がありうるかもしれないが，そうではない。多数派の集合の構築を通した国家の活動が，正常化／規範化の論争にとって決定的に重要であることをフーコーと共に認めている。したがって，彼は国家を政治的活動の重要な場所の一つとして特定している。国家に対する彼の立場が両義的な理由は，デモクラシーが政治への市民参加という側面と，断続的にその参加からこぼれ落ちるところから声を上げるという側面の両方に依拠しているからである。

国家に対する関わりという意味では，コノリーが経済的不平等の縮減が多元主義を促進すると考えている点からしても明らかだろう。例えば，医療，福祉，交通，治安，教育，住居，退職後の生活といった領域での公的な消費インフラの充実の重要性に注目している。念のために言っておくが，こうした公的インフラの整備にはリベラリズムを前提とした「合意」が必要だろうという批判がくるだろうが，そうではない。そうした公的サービスの充実を要求する，多数派の集合体（assemblage）の動員が必要だと考える。

この国家に対する構えが，エルネスト・ラクラウのヘゲモニー理論と親和性を持つ地点といっていいだろう。というのも，ラクラウのヘゲモニー構築理論の想定する政治空間が，（領域）国家だからである。この理論によれば，国家を支配する王がいなくなり，今日，中心が空白（欠如）であっても，そこを諸グループの接合（articulation）による連鎖で埋めていくことになる。その連鎖は，どのようにして可能かといえば空虚なシニフィアン（記号）に対するそれぞれの立場からの賛同として現れる。ただし，ヘゲモニーの中身は刻々と移り変わるため，特定のグループの完全な解放ということは不可能となる。この議論が代議制民主主義を意識していることは明らかである。しかし，もっぱらこの図式の中で考えてしまうと，仮にヘゲモニー構築に携わる指導者が必要ならば，権威へのナルシシズムという問題をどのように解決するのかという課題が残り，さらにこの権威の奪取をめぐって人々の間にルサンチマンが鬱積する危険性さえある。

ルサンチマン（復讐心）から解放されよ！

ラクラウ的なヘゲモニー論に対して，コノリーの多元主義の根底には，「変幻自在の生の豊饒さ（protean abundance of life）」が存在している。そこから出発して彼はニーチェとフーコーを経由してポストモダンの政治理論へと至るわけだが，その核心は生まれおちた自らの境遇を呪い，否定的な感情に支配されるのではなく，自己の存在を肯定する。これである。言い換えれば，他者と自己のありのままの生の偶然性と自己練磨の肯定を通じて，自己をルサンチマンと復讐から解放しようとすることといえる。しかし，他者に対する態度という点でニーチェとコノリーは異なる。ニーチェは「高貴さ」を一部の強き人間だけが得られるものであり，それ以外の人々は強者へのルサンチマンを抱く弱者と考える。ここで強者と弱者には明らかな距離が存在する（いわゆる「距離のパトス」）。他方で，コノリーのニーチェ受容には，上下関係の「距離」を水平的な差異としての「距離」へと置き換えるというひねりが加えられ，これによって貴族主義からの脱却を図っているのである。コノリーがポスト・ニーチェ主義（もしくはニーチェ左派）と呼ばれる所以である。

グローバル政治としての多元主義

現代生活における時間の流れが加速する地点が，国境の内外を問わず無数に立ち現れていることに着目するとき，彼の多元主義は自ずとグローバル化の議論へと入っていく。その際，近年のコノリーは「主権」（アガンベン）と〈帝国〉（ネグリ＆ハート）との距離感の中で自身の立場を示している。

まずは主権について。コノリーは「主権権力の前では人間（剥き出しの生）は無力である」というアガンベンの提出する主権論が，あまりに狭隘な枠組みであり，論理だけで片づけているとして批判する。彼の多元主義の立場からすれば，主権を構成するのは政治と文化であって，それはもっと散らかっていて，複雑だということになる。この点，アガンベン主権論と真っ向から対立するネグリ＆ハートの〈帝国〉論の語る主権論をコノリーは評価する。すなわち，今日の「主権」は，もっぱら国家に回収されるだけのものではなく，超国家的な制度や資本主義過程をも含む複雑なものになっているという理解である。この構成が，別様に主権を捉えることを可能にし，かつそれにふさわしい市民運動の新たな場を明らかにすると評価する。しかし，コノリーは彼らが宗教をあまりに軽視していることに批判的で，またNGOが単に〈帝国〉の従属的なパートナーであるという彼らの単純な理解にも異議を唱えている。

こうした彼の立場は，国家が賭け金であると考える一方で，生が社会的に構築されたあらゆる秩序を乗り越えていくとも考えている以上当然だろう。現代において必要だと彼が考えていることは，グローバルな諸争点の非領土的な民主化の政治によって領土的なデモクラシー構造を補完し，またそれに挑戦するということになる。そうである以上，〈帝国〉に対置された「マルチチュード」の到来をただ待ち望むというのは，二項対立を再導入し，世界理解をあまりに単純化することになる。世界はもっと豊饒で，多元主義が生成されるところなのだ。

ウィリアム・E・コノリー（William E. Connolly, 1938- ）

アメリカの政治学者で，ジョンズ・ホプキンス大学教授。ニーチェやフーコーの思想を摂取しながらポストモダンの政治理論を展開し，近年はウィリアム・ジェームズの多元主義やジル・ドゥルーズの生成変化の哲学にも触発されながら，既存の政治学を批判的に組み替えている。

参考・関連文献

コノリー『政治理論とモダニティー』（金田耕一ほか訳，昭和堂，1993 年）ホッブズ・ルソー・ヘーゲル・マルクスを批判的に読解し，ニーチェへと接合してポストモダン政治理論の地平を切り開く。

コノリー『アイデンティティ／差異　他者性の政治』（杉田敦，齋藤純一，権左武志訳，岩波書店，1998 年）アイデンティティは本来的に存在するのではなく，他者との関係性と差異から作られることについて論じている。

杉田敦『境界線の政治学』（岩波書店，2005 年）コノリーの多元主義にも触れるが，それに限らず他の議論と関係性についてもうまく整理できている現代政治理論の書。

前田幸男「フロー，統治性，そして抵抗戦術」（佐藤幸男，前田幸男編『世界政治を思想するⅠ』国際書院，2010 年）コノリーの多元主義論を通して，移住労働者の生活を読み解いている。

（前田　幸男）

第6部

「周辺」からの声と政治
（ポスト・コロニアリズム，フェミニズム）

フランツ・ファノン

『地に呪われたる者』

Les damnés de la terre, **1961**

鈴木道彦，浦野衣子訳，みすず書房 1968 年（新装版 1996 年）

――植民地主義と闘うすべての人々のために――

フランス領マルティニークから本国へ留学したフランツ・ファノンが地中海を渡りアルジェリアの公立病院に着任したのは 1953 年 11 月，アルジェリア民族解放戦線（FLN）が蜂起する一年前のことだった。そこでは，約 100 万のヨーロッパ系入植者（コロン）が暮らす傍らで，900 万の原住民が飢えかけていた。3 年後，彼はアルジェリア総督に宛てた辞表を残し，FLN に身を投じた。

彼の遺著となったこの著作は，発表時，決して広範な支持を得たわけではない。サルトルの物騒な序文の効果もあり，ある人々にとっては神経を逆なでするものだった。別の人々にとっては反植民地主義闘争の道標だった。現在ではポストコロニアル批評の先駆けとして注目されている。そうした内容の価値に加え，著者の生き方を知るということも，ある場合には書物の価値の一つだろう。ファノンの著作はそのケースに該当する。彼の生き方を知った後では，我々はたとえ頭の片隅であれ，今なお残るポスト植民地的諸問題を忘れることはできなくなるだろう。ファノンが残した議論の中から，以下では，暴力論，ナショナリズムと経済的新植民地主義，ポスト・コロニアリズムの三つの主題を紹介する。

植民地体制の本質的暴力性を喝破した一冊

第１章「暴力」は，ファノンの思想的苦闘の集大成ともいえる，徹底した植民地主義批判である。ここで展開されているのは，暴力の正当化論ではない。ファノンを「暴力の伝道者」と形容する人々がいるが，実際には彼は政治における暴力一般を論じたことはない。彼の暴力論を植民地化とその解放という文脈から切り離すことはできない。

この章の主旨は，「植民地化とは暴力である」という事実確認に尽きる。植民地では権力は法の権威をまとうことすらせず，憲兵と兵隊が剝き出しの「純粋暴力の言葉を用い」て支配する。事実，アルジェリアでは治安維持権限が軍に委譲される以前から警察は拷問を行い，議会は機能していなかった。解放が対抗暴力となり，平和的手段をとりえないのは，この第一の暴力の帰結にすぎない。「コロンの論理は仮借なきものであり，したがってそれに対抗する原住民の論理に仰天するのは，あらかじめコロンの思考のメカニズムを明らかにしなかった場合だけだ」。だから原住民は暴力に訴えるにあたり弁明の必要すらない。この悪びれない態度は白人をいらだたせたであろう。しかしファノンの見るところ，植民地体制こそが狂気の土壌なのだった。そのことは第５章で精神科医としての視点からも論じられる。それは原住民とコロン双方を非人間化する（拷問する側も精神を病むのだ）。ゆえに，解決策は，支配者と奴隷がその二元的体制を温存したまま共存することではなく，支配と隷従の構造そのものの破壊でなければならなかった。

非暴力主義の欺瞞

この論理を現実に移す時，武装蜂起は擁護される。とはいえ，

FLN が戦術として，市民を巻き込む無差別テロや同胞への見せしめを意図的に実行したのも事実だった。この問題の線引きは困難である。ある種の暴力は正当化できるのか，それとも全ての暴力が悪なのか。カミュは，FLN とフランス当局の双方を等しく非難し，無辜の市民を害さないよう両者に呼びかけたが，双方から無視された。一方，サルトルは FLN 支持を明白に表明し，一人のヨーロッパ人が死ねば圧迫者と被圧迫者が同時に消えると書いて，世間を憤らせた。まるで，無辜のフランス人民間人へのテロを肯定しているような言い草である。

しかし，ことはそう単純ではない。片方の武力が圧倒的である時，戦闘状態を停止し対話に移行するには，どちらが先に剣を引くべきなのか。そうした非対称性がある中で，政府を動かしうる立場の人々が中立や非暴力を唱えることは，事実上，フランスの軍事的支配への支持である。その意味で民間人とて「無辜」ではないかもしれない。サルトルの過激な「序文」は，植民地体制の最大の受益者である本国の市民がこの喜ばしからぬ事実に気づいてしまった時に，取りうる選択肢の一つを示唆するものだったといえる。

ナショナリズムの陥穽，新植民地主義の圧力

アルジェリアの原住民の大部分にとって，独立は原理や大義のためではなく，生きる上での必要に根差していた。ファノンは農民を典型とするそうした民衆に共感を寄せている。独立はかれらの生を人間的にするためであり，新しい政治体制もそのためのものだ。ファノンの「民族的」(national) という語には，かれらを中心とする民主的で協同的な社会建設への期待が込められている。「国際政治と暴力」の節および第２章・第３章では，そのような理想が各所で

示唆されるが，同時に，それを阻む現実の問題が冷静に分析される。

困難の一つは，国際経済システムを通じた新植民地主義の問題である。独立後も旧宗主国は資本・技術支援の名目で支配の継続を狙い，旧宗主国に有利になるよう構築済みの国際貿易体制の中で，新興国の経済の方向性は規定されている。ファノンは，植民地体制から宗主国が得た富を考えれば，本来なら経済的補償を受けて当然であるとも述べる。この問題は東西いずれの陣営を選ぶかという国際政治上の判断とも関連しており，二者択一ではなく第三世界として独自の立場からこの構造に風穴を開けるよう，ファノンは呼びかける。

第二に，新政府の正統性とナショナリズムの問題。先進国の中産階級に相当する植民地の「民族ブルジョワジー」は，解放闘争の指導者として不適格であった。彼らは相対的には植民地体制での受益者だったし，本国仕込みの政治的知識は理屈倒れの傾向があったからである。闘争の主役は農民であり，かれらの苦渋を理解し共闘した革命的活動家である。新生国家ではかれらが主人公となり，政府は人民の政府となるべきであった。しかるに独立後，民族ブルジョワジーは入植者の後釜に座ることだけを考える。しかも彼らは先進国の中産階級のような，資本家として国民経済を発展させる力も持たない。結果，彼らは旧宗主国の代理人となり，議会制度，警察や軍隊，解放闘争の伝説までもが彼らの地位の正当化と利権保護の道具となる。そしてゆきつくのが，白人のみならずアフリカ人の隣人にも向けられる人種主義的排斥である。ファノンは部族主義を目覚めさせた責任は民族ブルジョワジーにあると考えている。なぜなら，民衆に正統な支持を求める代わりに政敵を葬る道具としてこのイデオロギーを持ち出したのは彼らだからだ。そして旧宗主国は新興国のどんな隙も見逃さず利用する。ナショナリズムが独立の原理から帝国主義の煙幕へと変質するというファノンの警告は，不幸なことに多くのアフリカ国家において現実のものとなった。

オリエンタリズムのジレンマを越えて

第４章は民族文化についての独立した論説で，大別して二つの主張からなる。第一は原住民の芸術家や知識人に対する闘争への参加の呼びかけである。第二の主張は，植民地主義の文化強制への抵抗として生じる文化運動の性質に関するもので，これはポストコロニアル批評の観点へと繋がる。

植民地主義は「被統治国の現在と未来に自己の掟を押しつける」だけではなく，「被抑圧民族の過去へと向かい，それをねじ曲げ，歪め，これを絶滅する」。植民地化以前の〈ニグロ〉は野蛮だったという教説に抵抗する原住民知識人は，文化の存在を証明するため過去の文化の復興に奔走する。ファノンはこの行為に至る心情に理解を示しながらも，その限界を指摘する。そもそも白人が蔑む大文字の〈ニグロ〉とは彼らが作りだした虚像であり，植民地主義の解体とともに消えるべきものである。現実の黒人はそれぞれの環境の中で異なる歴史を生きており，そうした差異を無視して「黒人文化」と一括りにするのは「植民地主義と同一の展望の上に記載される」反応である，と。

西洋に文化として認定されようとすれば非西洋の言説は西洋の認識基準や価値基準を踏襲することから脱せないという，オリエンタリズム言説のジレンマを，ファノンは見抜いている。ファノン自身がそこから脱出しようとした奮闘の様子を我々は目の当たりにする。第１章において彼は植民地体制を，現地人が悪役となるマニ教的二元論の文化体系と分析し，脱植民地化は原住民が人間であることを再確認するプロセスでもあるという（なお，この主張を，個人が劣等コンプレックス解消のために暴力に訴えることを正当化する議論だと曲解してはならない。白人の諸価値の優位が暴力によって保たれてきたにすぎない真実が脱植民地化の過程で露呈するという話である）。しかし，白人の諸価値の否定は単なる善悪の役割交換にはならない。非植民地化は「新たな人間の創造」であり，その新たな人間によって「新しい人間主義（humanisme）」が定義されると，ファノンは述べる。それは15億人の原住民に対する奴隷的支配を許容するヒューマニズムとは異なるものなのである。

50年後の応答にあたって

『地に呪われたる者』は，比喩的に言えば，書きかけの書物である。その余白には，これまでにウォーラーステイン，サイード，バーバなどが続きを書き継いできた。我々がもしそこに書き加えるとしたら，どのようなことがらを書きうるのだろう。かつては明白だった支配と被支配の関係は，現在ではより錯綜したものになっている。物理的暴力だけでなく構造的暴力に対する責任も含めるならばなおのこと，いかなる暴力が正当化され，暴力を止める責任はどのように理論化されるのだろう。また，我々一人一人の背景も複雑多様である。文化帝国主義への抵抗手段や，ファノンがその具体的な内容を語らなかった「新たな人間」像を考える上で，その複雑さはどのように作用するのだろう。ファノンの著作と出会ってしまった我々には，どうやら難しい宿題が手渡されたようだ。しかしそれに取り組む勇気を与えてくれるのもまた，ファノンの言葉と生き方なのである。

フランツ・ファノン（Frantz Fanon, 1925-1961）

フランス領マルティニーク島に生まれ，第二次世界大戦では自由フランスの志願兵として北アフリカ戦線などに参加。戦後，リヨン大学で精神医学を修め，『黒い皮膚・白い仮面』を発表。1953年末からアルジェリアのブリダ＝ジョアンヴィル病院に赴任。57年頃からFLNに参加し，医療活動を続けながら機関紙執筆者や対アフリカ諸国外交の代表として活動した。主な著書に，『革命の社会学』『地に呪われたる者』など。白血病にて死去後，FLN時代の評論集『アフリカ革命に向けて』が刊行された。

参考・関連文献

海老坂武『フランツ・ファノン』（みすず書房，2006）日本語のファノン伝記。講談社1981年版の再版だが9.11事件を経て一部書き改められている。

ジャン・ポール・サルトル『植民地の問題』（多田道太郎ほか訳，人文書院，2000年）植民地問題に関する重要論文を時事評論集『シチュアシオン』から採録したもので，アルジェリア戦争初期の講演「植民地主義は一つの体制である」などを収録。

ジャン・ミュレールほか『太陽の影　アルジェリア出征兵士の手記』（鈴木道彦他訳，青木書店，1958年）新刊としては入手しにくいが，アルジェリア戦争中にフランス人がフランス本国で刊行した日記と証言集で，フランス軍の交戦規則違反を明らかにした。

アリステア・ホーン『サハラの砂，オーレスの石　アルジェリア独立革命史』（北村美都穂訳，第三書館，1994年）日本語で読めるアルジェリア戦争通史だが，事実関係を確定しづらい表現もあり注意を要する。

エドワード・サイード『文化と帝国主義1・2』（大橋洋一訳，みすず書房，1998/2001年）西欧の文化的支配とそれに対する抵抗を分析した重要文献で，特に2巻第3章でファノンに言及している。

（山下　孝子）

エドワード・サイード

『オリエンタリズム』

***Orientalism*, 1978**

板垣雄三，杉田英明監修，今沢紀子訳，平凡社，1986年（平凡社ライブラリー1993年）

――心象地理として構築されたオリエントを解き明かす――

近代ヨーロッパによるアラブ・イスラーム世界支配

『オリエンタリズム』は，近代以降のヨーロッパとアラブ・イスラーム世界との権力関係を理解するためのバイブルと呼べる著作である。近代以降，ヨーロッパではオリエントに関わる厖大なテクストが生産された。著者エドワード・サイードは，これらのテクストを丹念に拾い上げ，分析する作業を通じて，近代以降のヨーロッパによるアラブ・イスラーム世界に対する潜在的・顕在的な支配を批判している。

オリエンタリズムとは何か。サイードは，以下の三つの意味を挙げる。その第一は，「西洋人（ウエスタン）としての経験のなかにオリエントが占める特別の地位に基づく，オリエントと関係する仕方」である。オリエントは，ヨーロッパの植民地のなかでもっともヨーロッパに近い，広大で豊かな土地であったと同時に，ヨーロッパ文化の好敵手であった。この特別な地位にあるオリエントは，ヨーロッパにとって対照的なイメージ，観念，人格そして経験を有するものとして規定された。

第二は，「オリエンタリズムは「東洋（オリエント）」と（しばしば）「西洋（オクシデント）」

とされるものとのあいだに設けられた存在論的・認識論的区別にもとづく思考様式」である。詩人であっても，哲学者であっても，そして政治学者，経済学者，帝国官僚であったとしても，オリエントについて論ずるオリエンタリストは，東と西を分かつ規定的な区分を受け容れてきた。この区分は，元来そこにあったものと認識されがちであるが，このような区分はひとつの思考様式，あるいは「心象地理」に過ぎない。

そして最後に，「オリエンタリズムとは，オリエントを支配し再構成し威圧するための西洋の様式（スタイル）」であるとサイードは論じる。オリエンタリズムとは，オリエントに関する見解を描写・教授し，権威づけることであるのだが，このようにオリエントを表象したのは，ほかでもなくオリエントを植民し，統治するためである。

権力・知・言説の円環関係

この著作は，サイード自身が表明しているように，ミシェル・フーコーの思想体系に強い影響を受けている。サイードは，フーコーの『知の考古学』および『監獄の誕生』に感銘を受け，「言説（ディスクール）としてのオリエンタリズムを検討しないかぎり，啓蒙主義時代以降のヨーロッパ文化が，政治的・社会学的・軍事的・イデオロギー的・科学的に，また想像力によって，オリエントを管理したり，むしろオリエントを生産することさえした場合の，その巨大な組織的規律＝訓練というものを理解することは不可能」であると考えるようになった。

この著作では，このように随所にフーコーの思想を見出すことができる。だが，フーコー自身は実は西洋と東洋との権力関係について積極的に議論したことはなかった。それどころか，フーコーがオリエンタリストの視座に立っていたことは，後にポスト・コロニアリスト（脱植民地主義者）らが批判するところのものとなった。しかし，サイードにとってフーコーの権力の概念は，「西洋はあくまでも行為者（アクター）であり，東洋は受動的な反応者（リアクター）」であることを示唆するのに欠くことのできない議論となった。

このようなオリエンタリズムの二元論的思考の前提条件として，サイードは外在性の概念を挙げている。すなわち，オリエンタリズムとは「身内（ザ・フェミリアー）（ヨーロッパ，西方，「我々」）と他人（ザ・ストレンジ）（オリエント，東方，「彼ら」）とのあいだの差異を拡張する構造をもつもの」であるのであって，「身内（ザ・フェミリアー）」であるヨーロッパの学者ら（オリエンタリスト）は，「素材」であるオリエントを可視化し，さらには一覧表（タブロー）化し，一望監視施設（パノプティコン）のように見渡すことによって知を構築する役割を担っている。さらには，オリエントの表象は常に教育的性格を帯びていて，オリエンタリストらは素材の上に規律＝訓練的な秩序を課す。この規律＝訓練（ディシプリン）に至る一連のプロセスこそがフーコーが描いた権力であった。

オリエンタリズムの領域

イギリスの政治家アーサー・ジェイムズ・バルフォアの英下院での演説の分析から始まる第一章では，近代以降のヨーロッパにおいてオリエントがいかに表象されてきたかに焦点が当てられる。ヨーロッパによって表象されたオリエントのイメージとは「東洋人（オリエンタル）は非合理的で，下劣で（堕落していて），幼稚で，「異常」」なものである。これとは対照的に，ヨーロッパ人は自らを「合理的で，有徳で，成熟しており，かつ「正常」」であるとみなしている。

ヨーロッパにおいて，オリエントに関するこのような体系的知識が確立されたことは，ヨーロッパがアジアとアフリカにおいて植民地を拡大していった歴史的事実と関連している。たとえば，ナポレオンのエジプト遠征も，このような文献の存在と無関係ではなかった。ナポレオンがエジプトに遠征したのは，これらのテクストを通じてエジプトを知っていたからであり，ナポレオンは野蛮状態からオリエントを救い出し，近代西洋の流儀をオリエントに教授する政治的プロジェクトを実現しようとしたのであった。

このような政治的プロジェクトは，オリエントに関するさらなるテクストを生みだすことに寄与すると同時に，科学的／地政学的プロジェクトをいっそう後押しすることになる。その主要な例が，フーリエが著した『エジプト誌』(1809-1828) であり，レセップスが主導したスエズ運河の建設であった。

サイードは，このようなテクストと現実の政治的プロジェクトとの連関を「補強の弁証法」と呼び，テクストが現実をも規定してしまうことに警笛を鳴らす。たとえばライオンの獰猛さを論じた著書を読んだ人が，実際に獰猛なライオンに出会ったら，その著書は信用を得ることとなる。そしてライオンの獰猛さについて論じるテクストはライオンの獰猛さをますます強め，最後にはライオンとは必ず獰猛でなければならないものに仕立て上げることとなる。読んだ書物が読者の現実の経験を規定すると，今度はその事実が著者のほうに影響を与え，読者の経験によってあらかじめ規定されてしまった主題を著者に採用させることになる。いみじくも「知識をもつということは，それを支配するということ」とサイードが表現したように，言説・権力・知の円環が生まれるのである。

テクストが現実を規定した結果，「オリエンタリズムはオリエントを踏みにじ」ることとなった。サイードは，怒りを込めて，ヨーロッパ人にとってのオリエントとは，かならずしも現実を反映している必要などなかったと言う。というのも，オリエントに関する言説が目指したものとは，「オリエントを異質なものとして性格付けることであると同時に，それを図式的に演劇舞台の上にとりこむことであった」からである。サイードは，この演劇舞台では，観客も監督も俳優もヨーロッパのためにのみ存在しているという。オリエンタリストにとってオリエントは，思いのままにプロジェクトを実施する演劇舞台であったのである。

構成・再構成される近代オリエンタリズム

第２章では，近代オリエンタリズムに焦点があてられる。近代を迎えたヨーロッパでは，宗教勢力が没落し，世俗化が推し進められる。オリエントに関する議論も宗教的枠組みから世俗的枠組みへと変容する。

このような世俗化に伴って，オリエントもまた神秘性を剝ぎ取られ，科学に取って代わられるようになる。この結果，オリエンタリズムは文献学に適応させられるようになる。具体的には，近代オリエンタリストたちは，いわば「第二世代」としてオリエンタリズムを継承する過程で，それまでのオリエンタリストらによって残されたテクストを権威ある文献として参照するのだが，その結果オリエンタリズムが強化されることとなる。サイードは「オリエントは想像上の博物館」へと変貌したと述べたが，オリエントは，オリエンタリストの想像のなかで構築され，陳列され，見渡される。このように第２章では，近代オリエンタリズムにおいて，オリエントの現実とはかかわりなく，「オリエントなるもの」が再構築され，強化されていく過程が精密に描かれた。

しかし，近代オリエンタリズムは，テクストの中に閉じこもっているだけではなかった。サイードは，近代オリエンタリズムとそれまでのオリエンタリズムとの違いは，「オリエントをただテクスチュアルにだけ理解し，定式化し，あるいは定義することから，オリエントでそれらすべてを実践することへの移行」が起こったことであるという。19 世紀末，ヨーロッパがアラブ・イスラーム地域のほとんどを支配下に置くようになると，植民地の利害を鑑定するために，オリエントの価値はますます固定化される方向へと向かうこととなった。

様式・ヴィジョンとしての今日のオリエンタリズム

第３章では，今日のオリエンタリズムへと議論が移る。オリエントとの接触が拡大すると，オリエンタリズムは，テクスチュアルで観照的なものから，いっそう行政的，経済的，政治的，軍事的プロジェクトとしての重要性を拡大させていく。このことを，サイードは，現代オリエンタリズムの「下降的・退行的差し戻しシステム」と呼ぶ。すなわち，現代のオリエント的現象がすべて「オリエント」というカテゴリーに差し戻され，また差し戻されるべきであると考えられるようになるのである。オリエントに関することがらが，文献によってのみならず，現地で入手した証拠によって確認される過程を経て，オリエントは定式化される。

このような現代オリエンタリズムは，リベラリズムとグローバル化という少なくとも二つの現象の中で深刻な問題に直面しているとサイードは指摘する。第一に，現代のオリエンタリズムは，普遍性，多様性，無偏見性といったリベラルな文化の内側で生起している。たとえば「ネグロ精神」とか「ユダヤ人的性格」について論ずることが政治的公正性の観点から不可能とされる一方で,「イスラム精神」や「アラブ的性格」について研究することは可能であるという不可解な二重基準が,何ら疑われることなく受け容れられている。現代オリエンタリズムの問題点とは,人権に対する配慮が拡大し,人種差別主義への反省という潮流の中で,オリエントだけが暗黙のうちにその枠組みから外されていることと言えるだろう。

同時に,今日のオリエンタリズムの問題はグローバル化と関連している。二つの世界大戦を経て,世界の中心は,イギリス・フランスからアメリカへと移行した。アラブの学生がアメリカやヨーロッパに留学し,アラブに居住する大衆がアメリカのマス・メディアを消費するようになると,アラブ人は自らを,「ハリウッドがつくりだすような「アラブ」として認識する逆説」が生まれるとサイードは危惧を深める。

『オリエンタリズム』後のオリエンタリズム

『オリエンタリズム』において近代以降のヨーロッパにおける思考様式に痛烈な批判を浴びせたサイードであったが,後に出版した『文化と帝国主義』では,オリエントからも声が発せられるようになってきたこと,国境を越えた連携が形成されつつあることなどを認め,『オリエンタリズム』における議論を一部修正した。しかし,これらは部分的な修正に過ぎず,『オリエンタリズム』の議論の骨子が歪められることはなかった。

9.11後,ヨーロッパとアメリカを中心にイスラモフォビア(イスラームに対する嫌悪)が沸き起こった。この現象は,サイードの没後もなお『オリエンタリズム』の議論が価値を失っていないことを皮肉にも証明していると言えるだろう。

エドワード・W・サイード（Edward W. Said, 1935-2003）

イギリス委任統治期のパレスチナ生まれ。アラブ・パレスティナ人であり，米国市民というアイデンティティの葛藤から，『オリエンタリズム』をはじめとするポスト・コロニアル批評を展開した。主な著作に，『文化と帝国主義1・2』『パレスチナとは何か』など。

参考・関連文献

ミシェル・フーコー『知の考古学』（中村雄二郎訳，河出書房新社，2006年［新装版］）

ミシェル・フーコー『監獄の誕生　監視と処罰』（田村俶訳，新潮社，1977年）

フランツ・ファノン『地に呪われたる者』（鈴木道彦，浦野衣子訳，みすず書房，1996年［新装版］）

（辻上　奈美江）

ポール・ギルロイ

『ブラック・アトランティック 近代性と二重意識』

***The Black Atlantic: Modernity and Double-Consciousness,* 1995**

上野俊哉，鈴木慎一郎，毛利嘉孝訳，月曜社，2006年

——西洋から黒い大西洋へ，黒い大西洋から環大西洋へ——

黒い大西洋から環大西洋的なまなざしへ

本書は，これまで西欧近代のなかで歴史の客体としてアフリカからディアスポラを余儀なくされた奴隷の子孫たちの人種的記号の痕跡をたどることで，人びとの存在が生成されてきた系譜を突き止める作業である。彼らや彼女らにサバルタンの地位を強いてきた西欧近代の語彙・倫理・政治から説き起こすことで，包括的には，西洋近代の願望についての民族－歴史的な読解を行うと同時に，個別具体的には啓蒙主義の諸前提に対する批判を企図している。

近代の文化的価値を基礎づける議論における黒人イメージの歴史と役割についての研究はけっして平板ではなく，黒人の表象がそれぞれの人物によって異なった諸契機として現れることで，ときには徹底的にあらがい，ときにはそれを受け容れながら，独特の様式をとりつつ変容を遂げてきた。

「非西欧」的な文化表象の変容

過去数世紀の近代をつうじて，「非西欧」として括られる文化表

象は，「西欧」とそれらに連なる表象にとってはあらかじめ劣位にカテゴライズされるものとして想定されてきた。たとえば音楽ひとつを取っても，ヘーゲルがかつて区別したような真正な音楽と「最も嫌悪すべき騒音」とを区別するさい，前者を普遍的と措定することによって初めて可能となる美的判断の形成の支えとなっているもの（＝後者）を，むしろ前者と対自的なそれ，すなわち厄介で扱いに困る排除項としてあらかじめ劣位にカテゴライズしてきたのである。このような正当化への疑義として本書は提起される。

ヘーゲルにおける真正な音楽と「最も嫌悪すべき騒音」の区別のような対比関係は，「白さ」と「黒さ」として非対称的に対置されるものであり，この点についてギルロイはエドマンド・バークの崇高論における「黒さ」の言辞まで引き合いに出して，闇と黒さが皮膚の色と周到に結びつけられて連想されている，との例証を行っている。

このような「黒さ」のイメージから大西洋を物語らせるに際して，ギルロイはイングランドの文化的感性がもつラディカルな多様性でさえ，内在的な力学から自然発生的に生み出されたわけではなく，異国の部外者によって築きあげられたものだったと述べている。

その最も象徴的な例としてギルロイは，大西洋上で嵐が来て死人や死にかかっている者を海に投げ棄てている奴隷船を描いたターナーの絵画『死者と瀕死の人間を船外に捨てる奴隷商人たち（通称：奴隷船）』を挙げる。『奴隷船』は1840年にロンドンで開かれた世界奴隷解放会議と同時期に，王立美術院に展示されたターナーの代表作のひとつである。奴隷達が海に投げ出される様は，その当時，自身らの社会を成立せしめている奴隷労働の非人道的な現実を直視したくない人々からは「絵の具のよごれ」と罵声が浴びせられたのだが，この絵はのちにあるアメリカ人に売られてボストン美術館に流れ着き，爾来，アメリカ合衆国が世界に誇る最高の文化遺産のひとつとなっている。黒人奴隷の文化表象の作風についてはすでにジョン・ラスキンが評価しており既出であるものの，本書でギルロイが重視しているのは西欧近代によって彷徨わされた人々の運命を逆照射するような文化交換と規範変容のシステムとして，大西洋（アトランティック）の存在を重視する点である。

経度から緯度へ——大西洋を越えること

少し遠回りに思えるかも知れないが，大西洋の地政学的な性格について把握しておきたい。かつてカール・シュミットは『大地のノモス』（1950）において，スペインとポルトガルの1494年のトルデシリャス条約が体現している第一の「海の分割線」としてのラヤ（Raya），フランスとの関係でイギリスが大西洋における覇権の第二の分割線として規定した友好線（Freundschaftslinien=amity line）を指摘した。そして，それらに続く，アメリカの覇権を象徴する第三の分割線である西半球のラインの出現へといたる一連の変遷を，世界秩序の変容として捉えていたことは周知の通りである。

とくに友好線の出現と同時に表裏一体で「ライン（Linie）の彼方」に生じたすべては，ラインのこちら側で承認されていたものとは別の次元という普遍的な観念を生成した。この「ライン」において，ヨーロッパは終わり，「新世界（Neue Welt）」が始まるのであり，ヨーロッパの公法は終わるというのが世界史的に決定的な質的転換を伴うものだったと位置づけている。

そしてそののち，すぐに第三のグローバルなラインたる西半球のラインの出現によって，新世界はヨーロッパ中心的な国際法の古くからのラウム（空間）秩序に独立して対置されたことを論じている。だが，ギルロイにおいてはこの大西洋という古い西欧規範たる「ラインの彼方」として横たわる空間こそ，アフリカ大陸からヨーロッパへ，という経度の移動ではなしえなかったことが，大西洋を越えて，環大西洋的（Trans Atlantic）に緯度をまたぐことで物事の性質を変容させる変換器として捉えられている。

この新しい地政学的な変換器の登場によって，国民国家の構造と前提は，文字通り「旧世界」という時代遅れのものとして取り残されることとなった。すなわち西欧近代を支えてきた国民国家や市民的公共性といった装置が，じつのところきわめて暴力的な統治システムであったとすれば，商品としてのみならず，解放や自律，市民権を目指す様々な闘争にかかわる黒人たちと，その表象たちの移動によって絶え間なく縦横無尽に通行されてきたブラック・アトランティックの歴史は，ナショナリティや場所性，アイデンティティ，歴史的記憶といった諸問題を検討しなおす手段を，わたしたちに見せる。それとともに，この西欧近代との数奇な反復を通じて形成された「黒い大西洋」が，西欧近代的な統治とその基底となっていた文化的な様式を巧妙に組み替えてゆく複数対の公共圏として生成されてきたのである。

From Nowhere? No man's Landとしての立ち位置

この複数対の公共圏が生成されてきた歴史について近代の思考枠組みを使用しつつも，西欧中心の紋切り型の図式とはまったく異なる方途に依拠することにより，自身の立ち位置をも崩しかねない仕方で近代そのものを語りなおす可能性を示した点こそが，『ブラック・アトランティック』の理論的貢献である。つまり，本書の理論的貢献のひとつとは，ファノンをその先駆としてサイード，スピヴァクなどの系譜からなる「ポストコロニアル知識人」の山脈に自身の位置性を固定せず，ギルロイ本人があえて無風地帯としての戦略的本質主義を採用しない点である。これまでの黒人性にかんする語りに伴いがちな特権的位置性に挑んでいるのだ。それはギルロイ本人にとっても諸刃の剣であり，読み進めてゆくと現れてくるのは西欧批判以上に，ポストコロニアルな思考の徹底として，自身の属性の梯子を外していったあとに，どのような位置づけが残るのかという，勇敢な知的挑戦の痕跡である。ギルロイが「黒い大西洋」と呼称した近代の政治的・文化的編成の特異性は，あるレヴェルでは国民国家という構造とエスニシティやナショナルな特殊性がもつ強制力の双方を超克しようという願望であり，こうした立ち位置的にも「先占されざる土地（No man's Land）」を見出そうとする願望は，政治的組織化や文化批評を理解するには必要な心性であったといえる。

アメリカやカリブ，ヨーロッパでこうした心性は，ナショナルな政治文化や国民国家に埋め込まれている黒人運動や個人に押し付けられてきた戦略的選択のかたわらで，つねに収まりの悪いものとしてあった。このような収まりの悪さ，決まりの悪さをポール・ギルロイ本人は，学問的にはヨーロッパの近現代思想に依拠しつつも，デュボイスやファノンやホールといった黒人思想家の影響も多大に受けたうえで，あえてヨーロッパ中心主義的な歴史学や文化論を，大西洋を中心に活躍した黒人たちのまなざし，すなわち「黒い大西洋」の視点から，しかしながら自身の立ち位置をも射貫くような「環大西洋（Trans-Atlantic）」的に，徹底的な読み替えをしてゆくのである。

黒い大西洋から世界史をまなざす

このようにギルロイの筆致には，たとえば思想史分野ではマーティン・バーナールの『黒いアテナ』のような緻密な文献学的な実証も含み込まれている。黒い大西洋から浮かび上がってくる環大西洋的な文化変容の過程を説き起こすことによって，これまでの世界史をまなざそうとしている。これまでの世界史における支配的な語りとは，とりもなおさず近代の啓蒙であり，ホルクハイマーとアドルノの『啓蒙の弁証法』と対位法的に読むならばヨーロッパの白人にとって啓蒙のプロジェクトとは，その内部においては不成功に終わった進歩ではなく「成功した進歩＝止まることを知らない退歩」として捉えられるが，そのプロジェクトとはそこから排除されるひとびとのカテゴリーをつねに生成することによって，可能になっていたものである。

このような黒い大西洋から世界史をまなざそうとするギルロイの試みは，すでに現在西欧のなかでも定着しつつある。たとえば美術界のノーベル賞ともいえるターナー賞を受賞したジェレミー・デラーの『世界の歴史』を思い浮かべてみるとよい。デラーの『世界の歴史』は，その名前からわたしたちが容易に想像してしまいがちな世界史のイメージを鮮やかに裏切る。というのも，縦 6m ×横 11m のキャンバスに描かれているのは，縦切り型の世界史叙述にあった「偉大な出来事」でも各国間の「戦争」ではなく，クラブ・ミュージックの歴史の樹系図だからだ。その歴史とは，まさに黒い大西洋の文化が環大西洋的な広がりをみせ，現在はグローバルにポップ・カルチャーとして定着しているダンス・ミュージックの歴史なのである。そしておそらくデラーが創作のさい念頭に置いていた著作こそが，本書『ブラック・アトランティック』なのである。

ポール・ギルロイ（Paul Gilroy,1956- ）

イギリスのカルチュラル・スタディーズ研究者。主な著作に，『ユニオン・ジャックに黒はねえ』など。

参考・関連文献

カール・シュミット『大地のノモス　ヨーロッパ公法という国際法における』（新田郁夫訳，慈学社出版，2007年）

マックス・ホルクハイマー，テオドール・アドルノ『啓蒙の弁証法　哲学的断想』（徳永恂訳，岩波文庫，2007年）

（五野井　郁夫）

シンシア・エンロー

『バナナ，ビーチと基地 国際関係のフェミニスト的理解』

Bananas, Beaches and Bases: Making Feminist Sense of International Relations, **1989/2000**

邦訳なし

――フェミニストの好奇心から国際関係を眺める――

フェミニスト国際関係論を切り開いた一冊

「女性はどこにいる？」と問いかけるこの著作は，実に革命的である。ベルリンの壁が崩壊した年に初版された本書は，未だに新鮮さを保ち続けている。国際社会が激しく変化する今日においても，本書はなぜ色あせることがないのだろうか。

もちろん，本書が指摘するように，国際関係の根底に家父長制や排他的な男性性があり，その男性中心的な構造は今日も基本的に変わっていないということは，本書が意味を持ち続ける理由の一つだと言える。出版された当初はまだフェミニスト国際関係論という分野は形成途上であり，家父長制や男性性といった概念を用いて国際システムを分析しようとする試みはとても新鮮だった。しかし，今日においては，そういった分析法を使った書籍は数多く存在する。そう考えると，本書の意義はそれだけではない。

本書の良さには他の著作にも一貫して見ることのできるエンロー自身の基本的な研究者としての姿勢が大きく影響しているように思う。エンローは自らのことを「好奇心に満ちたフェミニスト」と表現するように，本書でも好奇心からの問いかけを中心に据えた分析方法を使用している。好奇心があれば，いったんは答えが出たとしても，そこから新たな疑問がもたらされる。エンローは，自らが提示した疑問に対して，答えは完全に示さない。むしろ，答えの探し方に重点を置くことによって，読者の好奇心をかき立てながら思考する力を深めようとする。エンローはこういった批判的なアプローチを巧みに使っている。それゆえ，事例は古くなってしまっても，本書を通じて読者が常に新しい問いかけを加えていくことができるので，今日的な問題にも適用できるのである。新鮮さを持ち続けている理由には，彼女の姿勢の柔軟性と批判性がある。

本書のさらなる特徴は，着眼点の幅広さである。エンローは自らの「フェミニストとしての好奇心」を国際関係のさまざまな課題に向け，その分野にかかわりを持つ「女性」たちの姿を描く。フェミニスト国際関係論という分野には現在，数多くの著作があるが，一冊の本で軍事基地，観光，ファッション，メイドといった多様な領域の根底にあるジェンダー関係に目を向け，それらをつないで行くものは本書以外にないであろう。

国際関係論はジェンダー中立か

「個人的なことは政治的なことである」(The Personal is Political)。この表現が初めて使われたのは，1970年だった。その頃，アメリカで自らの可能性を伸ばそうと思っていた女性たちが「意識向上グループ」を形成していた。それらのグループの効果を分析する論文の中で，女性たちが活動して間もなく気付くことは，個人的なことの政治性だとされる。この言葉はフェミニストの間に定着し，幅広く使われるようになった。

エンローも本書の出発点として，この「個人的なことは政治的なことである」を使っている。彼女は，「女性はどこにいる？」という問いかけを分析のレンズとして用いて，観光業，ナショナリズム，軍事基地，外交官の妻から見た外交，アグリビジネス，ファッション産業，世界政治におけるメイドの役割といったテーマを取り扱う。そこから，個人的なこと（つまり女性たちのさまざまな姿）を探ると同時に，彼女たちの政治性（つまり国際関係論はジェンダー中立であるという神話に対する挑戦）を指摘する。エンローはこの作業を進める上で「結婚」,「自然」,「女性性」など，政治と結びつけて論じられることのない概念が国際関係とどのように結びつき，国際関係がどのようにして男性性を優先するのかについて明らかにする。

例えば，観光業の場合，国際関係論の本来の関心ならばそれは開発戦略として取り扱われるために，インフラの整備，ODAなどの融資，観光政策などが議論の中心になるだろう。しかし，本書はまったく違う側面を浮き彫りにする。エンローは，17世紀に男装し「冒険」にでかけていった女性たちや，19世紀に植民地へ渡ったさまざまな女性たちの姿を描く。その記述は，国家が植民という男性中心的な政治プロジェクトを進めていくにあたって，女性が不可欠な存在であったことを浮かび上がらせる。

しかも，本書の関心は，男性と共に女性がどのようにして現状を作り上げてきたかというところにある。例えば，植民地の場合だと，植民地化された側の女性たちだけではなく，植民地化する側の女性たちにも着目し，彼女たちがどのようにして植民地に暮らす妻として，植民地で生産されたものを使用する消費者として，植民地に生きがいをもとめる冒険者として，あるいはそういった植民地冒険者から話を聞く主婦として，植民地住民の「文明化」に同意し，その

「他者化」に関与していったのを解き明かしていく。本書はまた，今日のフェミニストが観光者として途上国を訪れるときの様子に目を向ける。相手国の女性たちに関心を持っているつもりの観光客でさえも，ジェンダー化された関係性のみならず，人種や階級などの差異化が再生産される過程に参加している，とエンローは指摘する。このように個人の日常的な行為や逸話であってさえも政治的であり，しかもそれらは国際システムのパワーと結びついていることが次第にみえてくるはずである。本書を読み終える頃に読者は，国際関係が個人的なことであることに気付かされることはもちろん，こうした観点から自らの日常を振り返る機会を持つことにもなるだろう。

個人的なことの政治性を指摘するにあたって，エンローは本書の中で展開されている理論やそれぞれのテーマの説明の他に，数多くの女性たちの個人史を本文の中に盛り込んでいる。ファッション産業でミシンを動かす人，メイドとして働く人，軍事基地で兵隊の妻として暮らす人，広告やテレビ・コマーシャルに登場する人など，あらゆる時代や分野の女性を紹介する。これらの事例を読み説いていくことを通して，彼女たちを取り巻いている状況に対する理解が深まり，親近感が湧いてくる。ここで重要なことは，エンローは女性たちがいかに経済的に搾取され，また彼女たちの苦しみが世界から無視されているかというような内容を指摘するにとどまらないということである。抵抗運動や連帯活動の事例にも着目することで，女性の自主性や創造性を強調する。このように多様な女性の姿を一冊の本の中で取り扱う理由は，女性の多様性を示し，とりわけ一枚岩的な「第三世界女性」というステレオタイプを破るというところにあるのだろう。

フェミニスト国際関係論はどこへ

エンローの貢献は，女性とは無関係だとされてきた戦争，安全保障，外交，グローバル化といった既存の国際関係論の研究課題がいかにジェンダー化され，女性（女性性）に依存しているかを明確にしたことである。「ジェンダー中立」あるいは「人間＝男性」という認識を前提とする既存の国際関係論において，女性の貢献や現実，場合によっては彼女たちの存在そのものが完全に無視されるメカニズムを明らかにした。

本書が出版された当初，フェミニスト国際関係論という分野の知名度は非常に低かったが，1990 年代に入ってからは，フェミニスト国際関係論が花を咲かすようになり，ジェンダーと国際関係論をテーマとする研究が次々と発表されていった。エンロー自身は，本書のまとめに提唱した「国際的なことは個人的なことであり，個人的なことは国際的なことである」という考え方を安全保障分野，とりわけ軍隊と軍事化，軍事主義と男性性の関係について分析し続けている。また，彼女のフェミニストとしての好奇心は国家，主権，グローバル化といった事象に向けられ，安全保障にとどまらない幅の広いフェミニスト国際関係論の進展に大きく貢献している。

しかしながら，エンローの研究に対しては，フェミニストのレンズを使うことで，男性性が持つ多様性が見えにくくなり，一枚岩の男性性になりがちだという批判もある。本書の序文に「世界はジェンダーによって回る」という副題を付けているが，彼女にとってジェンダーそのものよりフェミニズムに関心が強いことがその理由だろう。しかしながら，エンローはフェミニストとして女性の多様性に対して敏感であっても，本書ではフェミニズムそのものの多様性や女性性，男性性に対する情熱はそれほど強くない。今後，多様な女性たちや男性たちが展開する複数のフェミニズムズ（feminisms）に目を向けることは，この研究のさらなる発展につながるだろう。さらに，フェミニストとして好奇心という手法を伸ばすためには，「フェミニスト」と「ジェンダー」との関係性についてより掘り下げて考察する必要がある。本書から学び取ったエンロー的な好奇心がクィアやトランスジェンダーの人々の事例にも向けられたら，ジェンダー・性二元論から脱却できるフェミニスト国際関係論が創造でき，新たな貢献になるだろう。

シンシア・エンロー（Cynthia Enloe, 1938- ）
　アメリカの政治学者。主な著作に，『戦争の翌朝』『策略』『フェミニズムで探る軍事化と国際政治』など。

参考・関連文献

エンロー『策略　女性を軍事化する国際政治』（上野千鶴子監訳，岩波書店，2006 年）

エンロー『フェミニズムで探る軍事化と国際政治』（秋林こずえ訳，御茶の水書房，2004 年）

エンロー『戦争の翌朝　ポスト冷戦時代をジェンダーで読む』（池田悦子訳，緑風出版，1999 年）

Spike V. Peterson and Ann Sisson Runyan, *Global Gender Issues,* Westview, 1993/ 3rd edition, 2010.

Jill Steans, *Gender and International Relations,* Polity, 1997/2nd edition 2009.

（ロニー・アレキサンダー）

ガヤトリ・C・スピヴァク

『サバルタンは語ることができるか』

Can the Subaltern Speak?, 1988

上村忠男訳，みすず書房，1998 年

――ジェンダーとサバルタンの視点からポスト・コロニアリズムを脱構築する――

サバルタン・スタディーズの決定版

この著作は，サバルタン・スタディーズの決定版と呼べるだろう。従属的な立場に置かれた，あるいは下層の人びとに着目することの必要性を訴えるサバルタン・スタディーズは，旧植民地において繰り広げられたエリート中心の知的活動では政治的独立後の旧宗主国・植民地の権力構造を描ききれないと指摘する。

サバルタン・スタディーズは，エリートではなく，声を奪われてきた民衆の視点から歴史を描き直そうとした。だが，スピヴァクは本書の中で「サバルタンは語ることができない」と断言する。階級や性別による暗黙の差別や排除について大局的に見渡すことのできないサバルタンには真の声を発することができないというスピヴァクの皮肉な訴えは，国家，階級，ジェンダーという複層的な権力構造，そして権力と知との関係について読者にさらなる検討を迫る。

フェミニズムとポスト・コロニアリズムの交差点

この著作は，インド出身の著者が，寡婦殉死（サティ）を例に，帝国主義における宗主国と植民地，植民地におけるエリートとサバルタン，そして男性と女性という複数のレヴェルの権力構造の下位に置かれた植民地の女性に焦点を当てた，フェミニズムとポスト・コロニアリズムの交差点をしめす示唆に富んだ作品である。

著作は西洋における主体の特権化と自民族中心主義を批判することから始まり，次に西洋の言説における植民地主体の表象について批判的に検討している。そして最後に西洋の言説とサバルタンの女性が語ることの可能性について分析する構成となっている。これらのそれぞれについて丹念に検討する過程で，著者スピヴァクは，寡婦殉死を「悪しき」ヒンドゥー教徒の慣習と看做す白人男性の言説と，それは女性の自由意思によって行われたとする土着のエリート男性の言説との二つの接近不可能な言説の間で，それを実践する女性の声は完全に消し去られていることを痛烈に批判している。

このようにサバルタンの女性は，帝国主義的な支配・被支配関係と男性支配社会という複層的な権力構造の下位に位置づけられる。スピヴァクがこの著作を発表した数年後，キンバリー・クレンショーは，ブラック・フェミニストの立場から，性差別と人種差別の関係性を「交差性（intersectionality）」という用語で表現しているが，スピヴァクの描いたサバルタンの女性もまた，この交差的あるいは累積的・複合的な差別の結節点に位置していると言えるだろう。

サバルタンの女性について知識人は語ることができるのか

著作では，ミシェル・フーコーとジル・ドゥルーズの対談「知識人と権力」に言及しながら，両者の主体の概念の組み立て方を批判している。すなわち，西洋における知は，西洋の法，経済，イデオロギーによって規定されているにもかかわらず，フーコーとドゥルーズは，あたかもそこには地政学的規定が存在しないかのような隠蔽工作を行っていると言う。そのために，被抑圧者を，何の疑問も差し挟むことなく，主体として価値づけようとすると指摘する。

しかしながら，スピヴァクは，フーコーとドゥルーズの議論のすべてを批判しているわけではない。フーコーやドゥルーズらフランスのポスト構造主義理論は，第一に権力／欲望／利害のネットワークは異種混交的であることを解明した。権力，欲望そして利害とは，固定的なものであるよりは流動的であり，特定のある方向性に向かっているよりは，むしろ複数の方向性を有していることが明らかにされたのである。そして第二に，彼らは社会の他者の言説を明るみにし，知ろうと努めたとスピヴァクは評価している。

フーコーやドゥルーズによるこれらの二つの功績は，実はスピヴァクの議論そのものを形成するにあたって重要な役割を果たしている。というのも，スピヴァクが示そうとした交差的，あるいは累積的で複合的な差別とは，まさに権力，欲望，利害が異種混交的であることによって成立するのであり，さらに他者について知ろうとすることは，スピヴァクが対象とする，これまで他者化されてきたサバルタンについて知ることと通底しているからである。

では，フーコーらの問題点とは何だろうか。フーコーとドゥルーズは労働における国際的分業について完全に無視している，とスピヴァクは指摘する。資本主義とは，グローバルな視点から眺めれば，中心と周辺という権力関係と無縁たりえない。しかし，フーコーやドゥルーズのような「力のある」パスポートを所持していて，「強い」あるいは「ハードな」通貨を使用する主体，なんら疑われることなく法的に正当な手続きにアクセスできるものと想定されているような主体が，無邪気にも「被抑圧者たちは，もし機会をあたえられたならば……かれらの置かれている状態を語り知ることができる」と考えていることこそが問題であるとスピヴァクは言う。階級について十分に配慮せずに他者に関する社会的テクストの書きこみ直しを行うことに，認識の暴力（epistemic violence）が潜んでいると指摘するのである。

労働の国際的分業の搾取側，あるいは主体の側に属しているような現代のフランス知識人たちには，サバルタンの主体のうちに，どのような種類の権力と欲望が宿っているかを想像することは不可能であるとスピヴァクは強調する。そしてさらに，帝国主義のナラティヴにおいて，サバルタンの声は，服従させられた知識，あるいはヒエラルキーの下方，認識ないしは科学性のレヴェル以下のところに位置づけられた，素朴な知識としてしか認知されないと指摘する。

著者のこのような議論は，ドゥルーズがルプレザンタシオン（représentation）の二つの意味を混同していることに対する批判へとつながっていく。ルプレザンタシオンは，「代表／代弁」と「再現／表象」との二つの非連続的な意味を有している。スピヴァクにとって，理論家は被抑圧集団を代弁／代表することはないし，また主体とは必ずしも現実を適切に再現／表象した意識ではない。だが，ドゥルーズがこれらの差異をあえて覆い隠そうとしたために，表象の暴力が生起するのである。

沈黙を測定するロゴス中心主義への批判

このようにフーコーとドゥルーズへの批判を展開したスピヴァクは，他方でマルクスの階級やデリダの自民族中心主義に関する議論を積極的に引用する。

スピヴァクは，マルクスについて言及しながら，インドにおける階級を，外国からやってきた支配集団，全インド的レヴェルでの土着の支配集団，地方レヴェルでの土着の支配集団，人民・サバルタンの四つに分類する。そして，この複層的なヒエラルキーの下方に位置するサバルタンのうち，女性はもっとも下方へと押しやられていく。このような状況において，スピヴァクは，「労働の国際分業のもう一方の側では，搾取されている当の存在は女性搾取のテクストを語ることも知ることもできないでいるのだ」と論じる。

他方でデリダは，ヨーロッパ的主体が，自民族中心主義にとっての周辺的な存在として他者を構成しようとする傾向があることを指摘した。スピヴァクはデリダのこの指摘を評価し，有色の女性や階級抑圧の下におかれた女性の差別を訴える活動には，かならず「意識あるいは主体なるものの想定と構築」が行われていると議論を敷衍する。この「意識あるいは主体なるものの想定と構築」の問題は，サバルタンの女性がいつまでも語る主体とは看做されず沈黙し続けていることであるのだろう。帝国主義下では言うまでもなく，ポスト・コロニアリズムにおいてさえ，サバルタンの女性が無言であり続けていることが問われないでいる。まさにそのことこそが，帝国主義的主体の再生産と強化とに密接に結びついているとスピヴァクは批判している。

サティに関する接近不可能な二つの言説の狭間

スピヴァクの議論をもっとも明確に論拠づけてくれるのが「サティ」である。「サティ」とは，ヒンドゥー教徒の寡婦が，死んだ夫の火葬用の薪の上に登り，そのうえでわが身を犠牲にする慣習である。スピヴァクはインドの古法典『ダルマ・シャーストラ（社会秩序を保つための法規範）』と『リグ・ヴェーダ（知の賛美）』を分析し，『ダルマ・シャーストラ』では自殺を非難していることに着目する。

では，なぜサティは実践されているのか。それは『ダルマ・シャーストラ』で認められた例外なのだろうか。

これについてスピヴァクは，いみじくも「寡婦の自己犠牲は，一般的な規則にたいする一つの例外であるよりは，むしろ一般的な規則そのものの極端な事例である」と表現する。というのも，寡婦になった女性は，「性的な停止状態」にならなければならないとされているからである。つまり，サティは，自殺を非難する『ダルマ・シャーストラ』の例外ではない。寡婦が「性的な停止状態」に戻るために自己犠牲が認められる。このことこそ，女性が男性という所有者の対象，特に性的対象としてしか看做されないことの証拠であるとスピヴァクは論じる。

ところで，このような「悪しき」習慣は，イギリス人によって廃止されるわけであるが，インド人女性をサティから救済しようとした「白人の男性たち」こそ，帝国主義的なイデオロギーにとらわれているとスピヴァクはいう。すなわち「白人の男性たち」は「茶色い女性たちを茶色い男性たちから救い出そうとしているのだと言いながら，そのような言い方のもとで，実は言説的実践の内部にあって，良き妻であることと夫の火葬用の薪の上で自己を犠牲に供することとを絶対的に同一視することによって，それらの女性たちにいっそう大きなイデオロギー的強制を課す結果となっている」。言い換えれば，イギリス人によるサティの廃止は，ヒンドゥー女性を植民地の体制から救い出し，領有する含意があるという。しかしながら，このようなイギリス人による客体の構成作業の裏側で，「女性たちは死ぬことを望んでいた」というヒンドゥー側の巧妙な言説構築が行われている。これらの二つの言説のなかに，サバルタンの女性から発せられたものは存在せず，彼女らはいつまでたっても無言のままであり,「だれも女性たちの声 - 意識を証言したものに出会うことはない」のである。

「サバルタンは語ることができない」スピヴァクが結語として再度強調したこの言葉にこそ,すべてのメッセージが込められている。

ガヤトリ・C・スピヴァク(Gayatri C. Spivak, 1942-)

インド出身。デリダの翻訳者,フェミニズム文学批評家として知られていたが,次第にポストコロニアル批評に傾注した。主な著作に,『文化としての他者』『デリダ論　グラマトロジーについて』など。

参考・関連文献

エドワード・サイード『オリエンタリズム』(板垣雄三,杉田英明監訳,平凡社ライブラリー,1993年)

アントニオ・グラムシ『知識人と権力　歴史的 - 地政学的考察』(上村忠男訳,みすずライブラリー,1999年)

(辻上　奈美江)

ジュディス・バトラー

『触発する言葉 言語・権力・行為体』

Excitable Speech: A Politics of Performative, 1997

竹村和子訳，岩波書店，2004年

——言語から政治と世界を問い直す——

あなたがひどく心を傷つけられる言葉を投げかけられたとする。あなたはその相手を少なからず責める気持ちを持つに違いない。その中傷（憎悪発話）が度を越えたものであるとき，さらにあなたと同様に傷ついた人が多数いたとすれば，あなたは法による取締りを求めるかもしれない。だが，バトラーはそれでは問題を解決へと導くことにはならないと主張する。いやむしろ問題を再生産し硬直化させることになるという。どういうことか。それを解き明かすのが本書の主題であるといっていいが，議論はそのことだけにとどまらない。その答えを導く過程には，私たちの存在をめぐる政治と未来に関わる議論が多分に含まれているからである。

なぜ，セクハラ発言はなくならないのか

それでは，あなたを中傷した相手を非難する考え方のどこに問題があるのだろう。その問題とは，一言でいえば「主体の有責性」である。主体の有責性とは中傷する言葉を投げかけた人間，すなわち発話者がその責任を持つことを意味する。この考え方には多くの賛同が得られるのではないだろうか。例えば，セクハラ発言はどうだ

ろう。その発言をした人間が何らかの責任を負うというのが，社会的ルールとして日本でも定着しつつある。しかし，果たしてそれで問題は解決するのであろうか。たしかにその個人を罰することはできたとしても，セクハラ発言が後を絶たないのもまた現実であろう。それはなぜなのか。そこに私たちは，主体にのみ責任を帰することの限界を垣間見るはずである。

バトラーは，「主体の有責性」の前提となっている「主体」という概念に疑問を投げかける。彼女を含むポスト構造主義者によれば，主体とは言語を操る存在ではなく，言語を通じて構築される存在である。この点は，アルチュセールの「呼びかけ」の議論を用いて説明されている。「こら，そこのお前」と警官に道端で呼び止められたとしたら，あなたはどこか居心地の悪さを感じながらも振り返ってしまうかもしれない。その瞬間にあなたは，主体という社会的位置を獲得することになる。この呼びかけが警官からではなく，家族や友人からでも同じことである。言語が行き交う中に人が身を置いた瞬間，「私」という主体がはじめて存在することになる。つまり，ここでの主体とは，言語の外側に，そして言語に先行して存在することがないのである。

バトラーは，この「呼びかけ」の議論を中傷の問題へと架橋させていく。そのとき着目するのが，「慣習」という言語が持つ歴史性である。「呼びかけ」の事例は，発話がただ現前の事実を述べるのではなく，「行為遂行性」という言語の内に主体を生み出す効果を備えていることを明らかにする。この効果は，発話の「引用的な性質」によってもたらされるという。すなわち，発話とは，使用する言語の反復によって生み出された慣習を無意識的にせよ意識的にせよ引用することにほかならない。こうした慣習の意味するところは，人間と同じく言語にも歴史性があるということであり，その歴史性を無視すれば，必然的にその時間の中で蓄積され定着してきた言語の意味内容をも霧散させてしまうことになる。別言するなら，あなたが慣習を適切に引用できなかったとすれば，誰もあなたの言ったことを理解することができないのである。この仕組みは憎悪発話においても同じである。セクハラ発言が人を傷つけるのは，性差別という慣習を引用するのにいわば成功しているからである。しかも，その引用は更なる反復となって性差別を現在へとよみがえらせ活性化させることになる。つまり，主体に責任があるとすれば，反復に加担したことにあるのであって，これは責任の所在を主体の内に見出そうとする議論とは一線を画するものである。

主体を生み出す発話の効果の源泉を慣習にあると見極めたとき，バトラーは「呼びかけ」の議論を次のように展開させる。言語の反復する効果がすでに主体の位置を確定してしまっている以上，もはや振り向かずとも，声の形態をとらずとも，主体はすでに主体として構築されているということになる。この議論に従えば，セクハラ発言の被害者は，その発言を受ける以前から性的に中傷される主体としてすでに構築されていることになる。セクハラ発言をした個人を罰するだけでは不十分な理由はここにある。引用先にある慣習を差し止めない限り，中傷する言葉が持つ力は維持されたままだからである。

対抗発話を生み出す民主主義の構想

結局のところ，「主体の有責性」論者は，前述した憎悪発話の本質的問題を取り逃がしてしまっている。このことは，法と主体の関係においてより明確となる。「主体の有責性」論者は，法による憎悪発話の取締りを有効な解決策と考える傾向にあるのだが，そのことがかえって憎悪発話をより強固なものにしてしまうというのが本書の主張でもある。そこには少なくとも三つの問題がある。第一に「主体の有責性」を当然視することである。第二に法やその背後に控える国家を中立的存在とみなしてしまうことである。これは検閲の問題であり，すなわち国家を語ってよい内容とそうでない内容とを最終判断できる場としてしまう。そして第三に憎悪発話（の対象となる主体）を再生産してしまうことである。法的規制を求める動きそのものが，中傷される人の特徴は何であるかを定義し，分類していく際に，規制しようとしていたはずの憎悪発話の慣習を不可避に引用し，そしてその文脈を活性化してしまうからである。

それでは，バトラーはいかに憎悪発話という難敵に戦いを挑もうとするのか。その答えは行為遂行性に隠されている。先述したように，発話による行為遂行的な作用は慣習から引用するという過去へとさかのぼっていくものだが，バトラーによれば，その作用はさらに言語の意味を変えうる未来にも切り開かれている。言語に歴史性があるということは，言語とその意味の関係が決して最初から固定化されたものではないことを示唆しているからである。これは，行為遂行性の両義性とも言えるものを生み出す。すなわち，行為遂行性は多くの場合，前例をただ反復し引用するだけだが，その性質を逆手にとれば，支配的な慣習や文脈を不活性化させる機会を引き出しうることにもなる。これは「言葉狩り」のような戦略とは対照的に，既存の言語をそのままに積極的な意味づけを行おうとする戦略である。

その例として，「クィア（変態）」が取り上げられる。クィアとはかつて非異性愛者を侮蔑する言葉として用いられてきたが，社会運動を経た今日，非異性愛者が自らを語る上で進んで用いられる名称となっている。この事例は，それまで侮蔑の含意を持って使用されていた言葉が，当初の目的からかけ離れた引用によって，新たな主体を再構築できることを示唆したものである。このように発話が，正反対の意味で発話者に「返される」ことをバトラーは「対抗発話」と呼ぶ。

もちろん，対抗発話を立ち上げていく試みは，多くの困難が待ち受けており，成功を約束された戦略ではない。支配的な慣習に居心地の良さを感じていた多数派からすれば，言語の再解釈はその安寧と特権を脅かすことになるからである。こうした反発を覚悟の上で，本書では「主体の有責性」を求め，法による救済を好むリベラルな政治が救うことのできない人々，あるいはその政治の構成員からあらかじめ排除されてしまっている人々にも開かれた民主主義を打ちたてることを主張している。その試みは，主体の再構築をめぐる不断の政治的闘争の場を切り開くことを意味している。

グローバル政治における行為遂行性

バトラーは，『生のあやうさ（Precarious Life）』の中で 2001 年 9 月 11 日の同時多発テロ以降の「主権」について論じている。カール・シュミットに従えば，主権者とは例外状態を決断する存在である。例外状態とは，ある脅威から国民の安全を守るために一時的に法の執行を停止し，通常違法とされる例外的措置を取ることを正当化できる政治状況を指す。その構図は，ブッシュ政権による「対テロ戦争」を思い起こさせる。グアンタナモ米軍基地の中に作られた「テロリスト」のための収容所が，国民の安全の名の下に国内法と国際法のいずれからも適用外とされていたことは記憶に新しい。

ただし，バトラーはシュミット（そしてシュミットに依拠するジョルジョ・アガンベン）とは異なったアプローチから，このグローバルな例外状態を解き明かそうとする。それは行為遂行性という観点からである。シュミットは，例外状態を民主主義の構造的な問題として論じた。民主的選挙によって選ばれた政治指導者が，例外状態か否かの最終決断を下すからである。歴史をさかのぼれば，その指導者とはヒトラーにあたる。この見立てにおいて，対テロ戦争を決断した主権者とは当時の大統領であるはずだが，バトラーは大統領よりもむしろ彼を取り巻いていた行政機構に属する官僚たちに主権の所在を見出していく。官僚たちから繰り返して発せられる特定の宗教，人種，国家に対する憎悪発話（イスラモフォビア）は，「テロ容疑者」として拘束された人々から人間性を剝ぎ取り，司法手続きを経ない無期限の勾留（と法を逸脱した取調べ）を正当化した。官僚たちの権威と権力が民主的選挙によってではなく，その専門知識に由来する以上，例外状態を決断する主権の所在は，必ずしも民主主義の限界をさかのぼっていけば特定できるわけではない。このバトラーの分析は，対テロ戦争というグローバルな例外状態がテロリストと名指しされた人々の自由と権利だけではなく，それ以外の人々の自由と権利をも掘り崩しながら作り出されている構図を示している。その構図とは，すなわちテロの脅威と他者に対する恐怖心を増幅させていく発話が，三権分立という近代民主主義政治の基盤を危険にさらすということである。

つまり，行為遂行性は過去にも未来にも私たちの目を向けさせるだけではなく，憎悪発話というローカルな行為をグローバル政治に結びつけるという点で非常に拡張性の高い概念といえる。付け加えておくと，シンシア・ウィーバーやデイヴィッド・キャンベルといった国際関係論者も分析概念として行為遂行性を用いている。グローバル政治が市民，政治家，外交官，専門家，メディア，運動家といった多様な立場にある人々からの発話を通して，歴史的かつ日常的に産み出され続けている以上，バトラーの議論は，言語から世界の情勢を読み解く視座を私たちに与えてくれる。そして，忘れてはならないことは，そこにも常に対抗発話を立ち上げていくためのグローバルな民主主義の萌芽があるということである。

ジュディス・バトラー（Judith Butler, 1956- ）
　ポスト構造主義哲学者，カリフォルニア大学教授。主な著作に，『アンティゴネーの主張』『ジェンダー・トラブル』『自分自身を説明すること』『生のあやうさ』『国家を歌うのは誰か？』（ガヤトリ・C・スピヴァクとの共著）『偶発性，ヘゲモニー，普遍性』（S・ジジェク，E・ラクラウとの共著）など。

参考・関連文献

『現代思想』臨時増刊　特集「ジュディス・バトラー　触発する思想」（青土社，2006年）インタビューの訳出を含む，同時多発テロ以降の議論を中心にテーマごとに解説。

サラ・サリー『ジュディス・バトラー』（竹村和子訳，青土社，2005年）バトラーの初期から最近の議論までを網羅的に概説。

上野千鶴子編『構築主義とは何か』（勁草書房，2001年）（社会）構築主義という観点からバトラーの理解の一助となる論文集。

河口和也『思考のフロンティア　クィア・スタディーズ』（岩波書店，2003年）クィア理論の誕生と発展を解説し，今日的な問題にまで切り込む。

（和田　賢治）

ヴァンダナ・シヴァ

『アース・デモクラシー』

***Earth Democracy: Justice, Sustainability, and Peace*, 2005**

山本規雄訳，明石書店，2007年

―― 共有地の「囲い込み」に抗して ――

実践としてのアース・デモクラシー

「われわれは知っている。この大地は人間のものではない。人間が，大地のものであるということを。われわれは知っている。血が家族を一つにするように，あらゆるものが結びつけられていることを。すべてはつながっているのだ。」

本書の冒頭でシヴァは，あるインディアンの首長によってなされたこの演説を引用しつつ，アース・デモクラシーを「大地とのつながり」に気付き，「そこから生まれる権利と責任」に気付くことだ，と述べている。「気付きがデモクラシーである」という説明は，必ずしも容易に理解できるものではないかもしれない。また，別の箇所ではそれを「共有地や資源，生業，自由，尊厳，アイデンティティ，平和を求め，民衆が実行する，多数の，そして多様な日常的実践によって形作られる」「民衆のプロジェクト」であると表現している。「気付き」であり「プロジェクト」でもあるアース・デモクラシーとは何か。彼女はそれを「生命中心の経済」，「生命中心の民主主義」，「生命中心の文化」の三つに分けているが，その理解のためにはまず，彼女が展開してきた環境保護運動の背景やその方向性を知る必要がある。後に見るように，ある意味ではシヴァ自身がアース・デモクラシーを体現していると言っても過言ではないのである。

彼女の活動の重要なルーツの一つとなっているのは，チプコ（Chipko 抱擁）運動と呼ばれる非暴力的な環境保護運動である。これはインド北部ヒマラヤ地域の彼女の故郷において1970年代から始まった森林保護運動で，村の女性たちを主とした人々が樹木に抱きつき身を挺することによって，その伐採を防いだ運動である。この運動は世界的に注目されると共に，草の根環境運動をインド各地，そして世界中に広げるきっかけともなった。これらの運動は結果として世界に大きな影響を与えたが，これらの運動自体は，彼女ら自身の生活，そして生命を守る命がけのたたかいであった（実際，200人以上の女性が木と共に切られてしまったとも言われている）。そして，森に住む多くの人々にとって森とその生態系が重要な経済的資源であったことは確かにこの運動の大きな動機であったが，同時に，森と森を守ること自体が精神的な支柱であったことも重要である。「自分の生活に必要な自然資源を自分で賄えるか」という問題は，彼女たちにとって根源的な重要性を持っているのである。この問題が政治的な自治や自由にもつながっているということを指摘したのはガンジーであったが，シヴァの思想の中にもそれはしっかりと根付いている。

現代における共有地の「囲い込み」

シヴァたちが抱擁を通して守った森林のように，ある地域の住民によって共同で利用・管理されている土地や資源は，「共有地（コモンズ）」と呼ばれる。共有地という概念そのものに「その資源を所有し，管理し，使用するのは共同体であるという意味あい」が含まれており，そこには「互いに助け合い，協力することで成り立っている社会関係」そのものが顕現している。どのような種を蒔き，家畜を何頭放牧するか，どの木を伐り，どの水路からいつどこの畑へ水を流すかといった意思決定はその共同体のメンバーによって共同でなされるのであり，「共有地を共有地たらしめているのは，それが民主的なやり方で統治されている」ためなのである。

「囲い込み（エンクロージャー）」とは，このような共有地に対して仕掛けられた攻撃である。16 世紀にイギリスで始まった囲い込みは，織物産業における羊毛の需要増加に対応するために，共有地であった土地を羊のために囲い込み，そこで生活していた人々を物理的に排斥した。そこでは羊のために人間の生活基盤が奪われることから，「羊が人を喰う」と評されたが，それは見方を変えれば，生産性が向上した「機械の飢え」を満たすために人々を放逐し飢えさせたのだとも見える。そしてこのような囲い込みは，「現在もなお継続している植民地化の手続きの中心」である。それは，「開発」という名義で行われる収奪である。

「開発」は，植民地支配の後に続くべく企てられた。ローザ・ルクセンブルクが指摘したように，宗主国たる西ヨーロッパの国々における初期の産業開発は，植民地の永久的な占有と地元の「自然経済」の破壊を必要としていた。そしてそのような植民地主義の延長線上に企てられた資源利用の商業化を基礎におく「開発」は，資本主義の成長にとって必要条件であった。シヴァが厳しく糾弾しているのは，このような「開発」による共有地の囲い込みと，それによって人々の生活や生命が被る直接的／構造的暴力なのである。シヴァが思想家であり哲学者であるのは確かであるが，同時に，彼女の活動は非常に多岐にわたる具体的な農業問題や環境問題，社会問題に及んでいる。そして何より重要であるのは，それらの活動が研究として出版物や講演を通して世界中に届けられると同時に，実践活動を通じて発展途上国の貧困層と共にあるという点である。「共有地奪還運動」は，そのような研究活動と実践活動の両輪によって形作られていると言えるだろう。本書も第1章こそやや抽象的で難解な印象があるものの，第2章以下からは具体的な研究に基づいた様々なケースが扱われている。本書が「シヴァの思想の集大成にして入門書」と銘打たれている所以もここにあるだろう。

300を超えるシヴァの論文が対象とする具体的な問題のすべてをここで列挙することはできないが，本書で彼女が扱っているテーマの一端については簡単に紹介したい。まず，シヴァの名が世界的に有名になったのは，『緑の革命とその暴力』などの「緑の革命」を批判した一連の著作と活動であった。緑の革命とは，貧困削減と飢餓の廃絶を謳って欧米主導で進められた農業革命であるが，それらは実際には種子の単一化と欧米企業による専売という囲い込みを前提としていた。彼女はさらに，その種子の生育には化学肥料や農薬の購入が必須とされるために，「革命」が逆に貧困や飢餓，紛争を招いたことを暴露している。WTO体制の下で年間1万6千人もの農民が自殺している，という本書での記述は，非常に印象深い。また，『ウォーター・ウォーズ』などでも扱われている水の民営化の事例では，公的に管理されていた水が民営化されることによって，それまで自由に使えていた水に料金が課せられることで水飢饉や貧困の悪化を招き，さらには洪水や，水をめぐる紛争を引き起こしていることが明らかにされている。

さらに，これらの囲い込みが招く生産様式や生活様式の画一化は，生物多様性の喪失や「精神のモノカルチャー」を招くものとして警鐘が鳴らされている。このように，シヴァは「現代の囲い込みは資源だけでなく文化も囲い込むものだ」と述べている。文化に対する囲い込みは，先住民の共同体で用いられてきた薬効植物を企業が「特許権」によって囲い込む事例において，より直接的かつ顕著に見て取ることができるかもしれない。土地や水だけでなく，植物，さらには細胞や遺伝子までもが知的所有権の対象となる（＝つまりは囲い込みの対象となる）ことで，逆説的にそれらは「所有しなければならないもの」とされてしまっているのである。

アース・デモクラシーとは何か

ここで改めて「アース・デモクラシーとは何か」という問いに立ち戻ると，そこには大きく分けて二つの意味が見えてくるだろう。

一つは，自分たちの足元を支える大地，具体的には土地や水，資源といった共有地（共有財産）を，自分たち自身の意思によって，自分たち自身の手によって利用し守っていくという，生命を支える民主主義である。自分たちのことを自分たちで，というと当然のことのようにも聞こえるが，囲い込みによって土地や水，森，知的財産を奪われている住民にとっては，それらを自分たちの手に取り戻すことが経済的にも文化的にも非常に重要であることは，様々な囲い込みとそれらへの抵抗の事例を見ても明らかであろう。人間は中空に存在しているのではなく，大地に根ざしたアイデンティティを持ち，大地と共に存在しているのである。そしてこれは，シヴァの言う「共有地奪還運動」，あるいは「ローカリゼーション」の戦略・実践とも一致する。また，それは先進国に住むわれわれ自身もその例外ではないはずである。「大地とのつながり」からは，権利だけでなく責任も生じるのだから。

もう一つは，グローバル化との関係におけるアース・デモクラシーである。企業のグローバル化は進行し，一つの私企業に過ぎない主体が多くの国で影響力を行使し，囲い込みを行っている時代が到来している。そこではあらゆるものを囲い込み画一化していく普遍化された暴力がはたらいているかのように見えるが，シヴァはそのような普遍性はまやかしだと言う。なぜならば，「誰もが地球という環境に生きていること，人類だけでなく地球上のあらゆる生命とつながって生きているということこそが，普遍的な価値を持つ」からである。普遍的なのは市場ではなく，グローバル化した市場によって脅かされている大地と，その大地に生きる人々なのだ。それゆえアース・デモクラシーは，ローカリゼーションを志向すると同時に，生命という普遍的価値と大地（地球）とを接続することによって，グローバルな連帯をもその核心に持つのである。そして彼女自身も語っているように，「グローバルな連帯はローカルな運動から生まれ，ローカルな運動はグローバルな連帯から力を得る」のである。

ただし，市民社会運動がグローバルに拡大していく過程では，それらが中央集権化を志向したり商業化したりしてしまうのではなく，あくまで生命の多様性に根ざしたアース・デモクラシーを，日々の実践の中で形作っていかなければならないだろう。彼女が言う「もう一つの歴史」は，まだ始まったばかりである。

ヴァンダナ・シヴァ（Vandana Shiva, 1952- ）

インドの哲学者，環境活動家。研究者として，そして活動家として多くの環境問題，社会問題に携わり，300本を超える論文，20冊余りの著書を世に問うてきた。主な著作に，『緑の革命とその暴力』『生物多様性の危機』『生物多様性の保護か，生命の収奪か』『食料テロリズム』『食とたねの未来をつむぐ』など。

参考・関連文献

三俣学，菅豊，井上真編著『ローカル・コモンズの可能性』（ミネルヴァ書房，2010年）共有地から「協治」を目指すコモンズ論の発展と実践。

村井吉敬『エビと日本人Ⅱ』（岩波新書，2007年）グローバル化する世界の中で，食料生産を発展途上国に依存し続ける日本の姿を見直す。

J・H・ヴァンダミーア，I・ペルフェクト『生物多様性〈喪失〉の真実』（新島義昭訳，みすず書房，2010年）熱帯雨林破壊の「因果関係のネットワーク」。

マイケル・ゴールドマン『緑の帝国』（山口富子訳，京都大学学術出版会，2008年）世界銀行の「科学」によって生み出される「環境知」とヘゲモニー。

（山口　治男）

執筆者（五十音順）
大貫　裕則（ヨーク大学大学院政治学科博士課程）
上野　友也（ひょうご震災記念 21 世紀研究機構　人と防災未来センター）
柄谷利恵子（関西大学政策創造学部）
川村　暁雄（関西学院大学人間福祉学部）
北川　眞也（大阪市立大学都市研究プラザ）
五野井郁夫（立教大学法学部）
芝崎　厚士（駒澤大学グローバル・メディア・スタディーズ学部）
清水　耕介（龍谷大学国際文化学部）
辻上奈美江（高知県立大学文化学部）
中野　佳裕（国際基督教大学社会科学研究所）
西谷真規子（神戸大学大学院国際協力研究科）
前田　幸男（大阪経済法科大学法学部）
南山　　淳（筑波大学大学院人文社会科学研究科国際公共政策専攻）
三牧　聖子（早稲田大学アジア太平洋研究センター）
山口　治男（神戸大学大学院国際協力研究科博士課程）
山下　孝子（慶應義塾大学市民社会ガバナンス教育研究センター）
山下　範久（立命館大学国際関係学部）
ロニー・アレキサンダー（神戸大学大学院国際協力研究科）
和田　賢治（神戸大学大学院国際協力研究科）

編者略歴

土佐弘之（とさ・ひろゆき）

1959年，東京都生。東京大学大学院総合文化研究科修士課程修了。現在，神戸大学大学院国際協力研究科教授。著書に，『グローバル／ジェンダー・ポリティクス』（世界思想社），『安全保障という逆説』（青土社），『アナーキカル・ガヴァナンス』（御茶の水書房）。共編著に，『国際法・国際関係とジェンダー』（東北大学出版会）。監訳書に，ジョバンニ・アリギ『長い20世紀』（作品社）。

ブックガイドシリーズ　基本の30冊

グローバル政治理論

2011年6月10日　初版第1刷印刷
2011年6月20日　初版第1刷発行

編　者　土佐弘之

発行者　渡辺博史

発行所　人文書院

〒612-8447 京都市伏見区竹田西内畑町9
電話 075-603-1344　振替 01000-8-1103

印刷所　創栄図書印刷株式会社
製本所　坂井製本所
装　丁　上野かおる

落丁・乱丁本は小社送料負担にてお取替えいたします

ISBN978-4-409-00104-2　C1300